# リーダーは保育を どうつくってきたか
## ―実例で見るリーダーシップ研究―

**秋田喜代美**（東京大学大学院）

保育ナビブック

# はじめに

　日本は、世界で最も高齢者率が高く、また少子化社会に向かっている国です。そのなかで、これからの社会を担う子どもたちの人生最初期における保育・教育の責任を引き受ける園の責務は、とても大きいと言えます。園は、子どもたちが心身ともに健やかに育つ場であると同時に、親が親として、初めてほかの親と交わる社会参画の場にもなってきており、保護者支援や地域の子育て支援の機能も求められてきています。またそこは、保育者等が専門家として働く職場でもあります。保育者等職員がどのように専門家として学び育つかは、園のありようによるところが大きいと言えるでしょう。その時に問われるのは、園長（施設長）のリーダーシップです。園長の考え方や具体的な園運営のあり方が、園の保育実践の質や、職場としての園の風土を大きく左右することは言うまでもありません。日本は、幼稚園、保育所、認定こども園ともに、園数、園児数から見て、私立、民営の園が大きな役割を担っているのが特徴です。歴史的にも古く、園の創設の理念や経緯、立地、規模なども多様です。ファミリービジネスとして、先代園長から事業を継承されたその家族、親族が次の園長になる園が多いのも日本ならではの特徴です。またその一方で、園創設を自ら志し初代園長となられた方や、他職種を経て園長になられた方もおられます。

　保育者、園長ともに経験のない私は、園長先生や保育者の方々のご厚意で、多くの園で保育を学ばせてもらい、いろいろなことを教わってきました。「これからの保育を考える時、園長の思想と知恵に学ぶことなしに、日本の保育を考え語ることはできない。私自身が園長先生方に学びたい」という思いに駆られ、経験を積んだ魅力的な園長先生のお話をパーソナルに聴いていく企画を『保育ナビ』の連載として提案させていただきました。本書は、私が学びたいと感じた園長先生にお願いし、私自身が、直接の聴き手となってお話をうかがい、そのごく一部ではありますが、まとめさせていただいたものです。ここで紹介する言葉から、「リーダーは保育をどのようにつくってきたのか」の物語を読み取り、皆さまがこれからの園の姿を考えていく一助にしていただけたら幸いです。

2018年11月

編著者　秋田喜代美

# もくじ

はじめに　　3

## 第1章　これからに向けて求められる園長のリーダーシップ

これからに向けて求められる園長のリーダーシップとは？　　秋田喜代美　　8

## 第2章　園文化を育むために、園長に求められること

園文化を育むための5つのポイント　　秋田喜代美　　14

100年後にも残る、究極の「普通の園づくり」
　　　　　　光明幼稚園　田中雅道　　16

話し合い、振り返りが園をつくる
　　　　　　きらきら星幼稚園　黒田秀樹　　18

園の改善点は全員で考える
　　　　　　板橋富士見幼稚園　安見克夫　　20

保育者の良さ、園の良さに目を向ける
　　　　　　認定こども園　宮前幼稚園　亀ヶ谷忠宏　　22

新たな保育を工夫してつくる
　　　　　　認定こども園　龍雲寺学園バウデア学舎　木村昭仁　　24

子どもの思いや保護者の声が活かせる保育者を育成するために
　　　　　　認定こども園　ゆうゆうのもり幼保園　渡邉英則　　26

地域のセンターとしての園づくりは、民主的な職場体制から
　　　　　　認定こども園　あかみ幼稚園　中山昌樹　　28

地域の文化を活かした保育と造形教育
　　　　　　認定こども園　あかさかルンビニー園　王寺直子　　30

地域のニーズに応え、職員が長く勤務できる園づくり
　　　　　　認定こども園　多夢の森　谷村誠　　32

子ども・保護者・保育者が絆と信頼を積み上げるために
　　　　　　認定こども園　保育の家しょうなん　塚本秀一　　34

Column 1　園長の持論と夢見る力　　秋田喜代美　　36
Column 2　園長のぶつかった壁　　秋田喜代美　　38
Column 3　保育者の生涯キャリアを考えた職場体制づくり　　秋田喜代美　　40

# 第3章 人材育成の環境を整えるために、園長に求められること

| | | |
|---|---|---|
| 人材育成の環境を整えるための5つのポイント | 秋田喜代美 | 42 |
| 子どもの写真を介して保育者と会話し、働きやすい園をつくる | 林間のぞみ幼稚園　藤本吉伸 | 44 |
| 保育の専門家である職員の声を聴く | 野間自由幼稚園　吉久知延 | 46 |
| 朝の園内研修と他園との研修で学び合い、伝えられる保育者を育てる | 千葉幼稚園　岡本潤子 | 48 |
| 自主性を認めて信じることで、研究し学び続ける保育者が育つ | 静岡豊田幼稚園　宮下友美惠 | 50 |
| 保育者の研究力の向上と、保育者が長く働き続けられる園づくり | 武蔵野東第一・第二幼稚園　加藤篤彦 | 52 |
| 保育者が主体的にアイデアを生み、育ち合う園づくり | あゆのこ保育園　町田和子 | 54 |
| 保育者とのもちつもたれつの関係が主体性を育てる | たかくさ保育園　村松幹子 | 56 |
| 職員同士が学び合い、職員と園長が話し合える園をつくる | つぼみ保育園　三﨑たずゑ* | 58 |
| 同じ立場で語り合い学び合える、保育士の居場所をつくる | 砂山保育園　上村初美 | 60 |
| 職員と共に保育を豊かにするために常に疑問を投げかける | 認定こども園　こどものくに　佐藤秀樹 | 62 |
| 保育者同士で学び合える体制は、園全体の主体性を伸ばす | 認定こども園　せんりひじり幼稚園・ひじりにじいろ保育園　安達　譲 | 64 |
| 自立した保育者として成長し、お互いに配慮し合える環境をつくる | 認定こども園　ポプラの木　岡村　宣 | 66 |
| 保育者としての学びとコミュニケーションが保育を豊かにする | 認定こども園　さくら・さくら第2保育園　堀　昌浩 | 68 |
| 指示や命令ではなく私たちの保育を、共に | 認定こども園　なごみこども園　志賀口大輔 | 70 |
| 「和」を大切にしながら職員と学び続ける | 東保見こども園　福上道則 | 72 |
| Column 4　職員皆で取り組み学び合う場を形成する工夫 | 秋田喜代美 | 74 |
| Column 5　情動知性を活かす園長のコミュニケーション | 秋田喜代美 | 76 |
| 引用文献・参考文献紹介 | | 77 |

おわりに　79

*園名は『保育ナビ』掲載当時のご所属です。

# 第1章

# これからに向けて求められる園長のリーダーシップ

変化の大きな社会に対応できる園となるために、
園長にとって必要なこと、リーダーシップに大切なことを紹介します。

# Chapter 1 これからに向けて求められる園長のリーダーシップとは？

## 1）変化する社会の中でのビジョン・ミッション・パッション

　保育・幼児教育の施設制度は、子ども・子育て支援新制度の始まりから大きく変わってきています。そして、2019年秋からは幼児教育の無償化も始まります。待機児童の解消という量的な側面だけではなく、質的な側面の重要性が、子どもや保育者、保護者だけではなく、国や自治体等においても認知されてきています。

　日本は少子高齢化の2つの課題に同時に直面する最初の先進国と言われます。人口の都市集中現象とともに人口減少地域が増えてきています。そのようななかで、保護者から信頼を得て選ばれる、地域の園としての園のあり方が、これからさらに求められるようになってきます。

　そして、子どもたちにこれから求められる資質・能力を確かに育み、地域の子育て支援の中核を担い、人生最初期の子どもが出合う社会、親が親になっていく場としての園の機能の重要性がさらに増していくでしょう。また、公教育、公的な児童福祉の場として、子どもたちが育つ権利、学ぶ権利を保障し、育てる公共的使命も求められます。狩猟、農耕、工業、情報化社会という4つの社会のあり方を経て、これからはSociety 5.0と呼ばれるように、第5次の社会とも言われます。情報技術テクノロジーの発展のなかで、子どもたちにとって乳幼児期に最も大事にしたい資質は何か、保育者にとって専門性ある仕事に注力してほかの部分を省力化し、情報の氾濫ではなく本当に必要な情報を選択して使用できる見識とは何かが問われてきています。

　私立幼稚園や民営保育所には、それぞれその創設者の思いによってつくられた創設の理念や独自の哲学が受け継がれています。また、その地域の中で編まれた関係性による歴史とともに、将来に向けた展望としてのビジョンが求められます。それと同時に、少子化のなかで園が果たす公的な役割としてのミッション（使命）もますます求められるでしょう。折しも、戦後つくられた園の多くでは、創設した園長から2代目、3代目へと世代交代が行われてきています。園長がリーダーとしてのパッション（情熱）や意志をもつことで、求められる園の姿が具体的に実現していきます。ビジョン・ミッション・パッションの3要素がこれからの園長には求められるのです。今回、どの園長先生のインタビューからもそのことを感じました。

　従来から、園経営や管理運営についてのマネジメント研修も実施されています。しかし教育・保育の質を高めるためには、マネジメントと同時にリードができる、園長の資質としてのリーダーシップが求められています。マネジメントとリーダーシップは車の両輪です。日頃の業務で効果が出る

よう効率的に運営、対応し、財政的にも園経営を確たるものにしていくのは、園長の重要な職務です。しかしその一方で、乳幼児の教育・保育の専門家としてのチームをつくるための見識やそのための資質が求められることから、Pedagogical Leadership（「教育」のリーダーシップ）と国際的にも呼ばれるようになってきています。

## 2）分散型リーダーシップ実践で協働的専門家集団をつくる

　とはいえ、園長だけがリーダーシップをもてばよいというわけではありません。リーダーは職位としては園の責任者です。そして副園長や主任に、園の教育・保育の実践の向上のための体制をどのように分かちもってもらうか、また、さらに職員がどのようにして、それぞれのかけがえのない良さを活かすような職場にしていくかが問われます。それが、分散型リーダーシップの発想です。ある人がその得意分野でリーダーとなり、ほかの人は信頼してそこを任せることで、それぞれの人の中にビジョンやミッション、やりがいや誇りが生まれます。いかに学び合い協働する集団にしていけるか、その全体の体制を考えるのは園長や管理職の役目と言えるでしょう。職位の体制としては、ピラミッド型（階層／階層型）かもしれません。しかし、実際の園の保育実践においては、民主的で風通し良く、見通しをもてる組織にいかにしていけるかが求められます。これは、一人ひとりが生涯幸せに、専門家として働き続けられる職場かどうかという点からも必要なことです。その組織の雰囲気は、子どもたちにとっても伸びやかな園風土を生むことにつながります。園の教職員組織がつくる風土と、子どもたちや保護者が共につくり出す園の風土は相似構造にあります。ですから、この分散型リーダーシップの発想で、園長先生はミドルリーダーをどのように育てるのか。同僚、子ども、保護者、他園、または、地域や社会からも学べる、学び上手の集団をつくるためにどのようにタイムマネジメントやナレッジ（知識）マネジメントを行い、専門的知識を生み出しながら皆で分かちもてるようマネジメントできるかが問われています。

　10年くらい前までは、保育者各個人の資質・力量の向上が園の保育の実践力を高めると強調されていました。しかし、今ではむしろ、園としていかに上手に学び合える体制をつくれるかが、個人の力量を高めることにつながっていくと考えられています。そのことが、子どもたちとのかかわりや日々の実践にも活かされるよう、重視されるよ

うになってきたのです。

　つまり、職員間のコミュニケーションとその質の向上を図り、職員研修体制をどのように分散型リーダーシップ実践で進めていけるかが問われているのです。実際にはその体制や方法は多様です。分散型リーダーシップの鍵は、リーダーシップをとるという実践を多様な人が経験できるようにすることです。その時は、保育の中核となる保育実践を常に真ん中に据えることが大事です。ミドルや若手に任せることで保育実践がどのようになるのかを考え、見通しをもちます。形ばかり、名ばかりの〇〇リーダーではなく、その部分はその人が本当のリーダーであるとして任せ、見守っていくことが大事なのです。

　本書の第2章、第3章において、25人の園長先生がどのようにこの点で対応しているのかをお読みくだされば思います。

## 3）情動知性（EQ）に基づくリーダーシップ

　分散型リーダーシップが活かされる園組織の体制づくりを考える時に大事になることは、保育での集団と個のバランスと相似形になることを考慮すべきということです。集団でかかわる活動の方法も多様であるのと同様に、子どもとの関係で言えば、一人ひとりの子どもの主体性に即したかかわり、また、園の職員との関係で言えば、職員集団体制をどのように組むのか、またそれが、円滑に、かつ、学び合う形態をもたらすものになっているのかということも大事です。

　職員研修に関する書籍はたくさん出版されてきています。しかし一方で、保育者や職員一人ひとりと園長との信頼関係をどのようにつくっていくとよいのかが問われてもいます。これまでリーダーシップという時は、組織的な側面でのあり方やそこでの関係性に光があてられてきました。しかし、どのようにして一人ひとりの保育者や職員の良さを見抜き、認めるのか。また、悩みに寄り添えるのかというところもまた、園長の大事なリーダーシップとなります。職員内での力関係を見抜き、情動的に感受、応答する園長の資質が、保育者一人ひとりが自身のキャリアを見通し、意欲もって保育に取り組むための大きな支えとなります。本書のインタビューでは、職員集団と同時に、園長先生たちが職員一人ひとりとのかかわりのために、忙しい中でもいかに心を砕いているか、そのための具体的工夫が伝わってくると思います。

## 4）組織イノベーションを駆動する変革主体

　園の伝統と歴史（レガシー）はとても大事です。また同時に、園長には、目の前の子どもや保護者、地域や社会の変化に応じて、新たな知識やツールを取り入れたり、変革する意志をもってイノベーションを行ったりするためのリーダーシップも問われています。折しも、働き方改革が言われています。組織文化を構成する要素のなかで、保育や教育の営みと最も関連する部分を常に意識し、見直しを行っていくことが大事です。では、その要素とはなんでしょうか。

　分散型リーダーシップを実証的に学校組織で検証した Spillane（2012）は、日々の保育や仕事の「①流れとしてのルーティーン、②きまりやルール、③どんな道具（ツール）を使っているのか、④どのような体制をとっているのか」をくり返し見直すことが大事だと述べています。保育の流れや仕事を捉え、ノンコンタクトタイムをどのように保障するか、皆で知識を共有できる職員会議や研修時間を、どこで、どのように設けるかなどを見直すことは大事です。なぜなら、いくら外から専門の知識を得たとしても、それを共有するための時間をどのようにとるのか、一人ひとりが振り返る時間をいかに保障するかのほうが大事だからです。また、そのためには、新たな道具の導入などもあり得るでしょう。ＩＣＴツールもその1つかもしれません。

　また、園にある暗黙のルールなどは長くその園に在籍する人にとっては自明になっています。ですので新たに園に入った人や保護者などからの疑問の声を聴くことで、気づかなかった問題に気づくことがあるかもしれません。

　さらに、保育の長時間化のなか、どのような勤務体制、職員体制をつくるのかが大事です。これによって、日々の保育がより豊かになるかどうかが問われてくると言えます。

　本書でご紹介する25人の園長先生は、ここに挙げた①から④の4要素によって、急激なイノベーションを行うのではなく、可能なところを模索しながら変革をされていることが共通点として読み取れると思います。園長先生が変革の主体の一人であると同時に、職員、保護者、子ども、それぞれの声を聴き取ることで彼らを変革の主体にしていくことも、園長先生のリーダーシップと言うことができます。

## 5）園外と園内をつなぐインターフェイスとしての管理職

　東京大学大学院教育学研究科附属発達保育実践政策学センター（Cedep）が行った全国調査では、園の中で園長や管理職が、園外の研修に出る頻度が最も多いという結果が出ています。その意味では、国や自治体、社会の動向を察知し、保育にかかわる制度やカリキュラムなどの情報を園の職員に伝えるなど、他園とのネットワークを形成するインターフェイス（接面）の役割を担っているのが、園長です。もちろん園によっては、園外研修に多くの職員を派遣することによって、多くの窓を開くことができているところもあります。本書で紹介した園はそのような園と言えるかもしれません。園長同士のネットワークで研究会や勉強会を相互に行うことで、職員もまた学ぶことができます。また、地域とのつながりにおいても、連携のために専門の担当職員を置ける園は少ないので、その場合はやはり、園長や管理職が地域との窓口になっているとも言えるでしょう。保幼小連携等、地域との連携がうまくいくところは、職員が園長や管理職の後ろ姿をよく見ていると感じます。

　園長の言動が、形だけのものなのか、何か信念や考えがあってのことなのかを職員は見ているのです。園長は変革の主体として、一石を投じることができる一人なのだと思います。

　私が尊敬するある元園長先生に教わった星野芳樹さんの言葉です。
　『石ひとつ　池に投げたり　その波紋　岸を潤し　百の花咲く』
　こうした百の花を、子どもたちにも、保育者にも地域にも咲かせていく。子どもたちのために園を築き上げていくのが、これからの園長のリーダーシップではないかと思います。単に棒でかき回して動きをつくるのではなく、波紋を見守り、潤わせ、花が咲くまでを見通しながら待つ。そのようなリーダーシップが日本型の園長のリーダーシップとして問われているのかもしれません。ぜひ、第2章、第3章の具体的な経験に裏づけられた言葉の中から、園長先生たちの実践の知恵やそこに共通するパターンを読み解いていただけたらと思います。

# 第2章

# 園文化を育むために、園長に求められること

園の文化をどのように育んできたのか、
園長インタビューを通して、工夫や取り組みを紹介します。

# Chapter 2 園文化を育むための5つのポイント

本章で取り上げた10人の園長先生の姿は、一人ひとり異なります。しかしそこにある共通性を私なりに整理してみると、次の5点を指摘することができるのではないかと思います。

### ポイント1 長い目で夢見る保育の哲学と揺るぎない信念

保育にも流行があったりします。でも、インタビューをした園長先生方に共通するのは、「ほんまものは残るはず」「（究極の）普通の園づくり」（p 17）「子どもが子どもの時間をたっぷり楽しめる幼稚園」（p 19）「すがすがしさを感じる心を（保育者に）育て」る（p 21）「養護を中心とした保育」（p 25）"障害児や困っている子を大事にする保育"（p 26）「困っている人を見つけて、手を差し伸べるのが地域福祉の基本」（p 33）「どの人も安心していられる『家』のような園」（p 35）"幼児教育を大事にした園"（p 30）"夢は地域で共同養育ができる場の提供"（p 23）等々、何を大事にするのかを自分の言葉で明確にされ、その哲学を語られ、長期的な展望をもって園づくりをされていることです。夢見る力こそ、常に自らを新しくするイノベーションの中核であると、野中郁次郎＊が言っています。まさに、これらの園長先生が、そうした夢見る力と確固とした哲学を持論としておもちであることで、一時的な状況に左右されることなく、職員、保護者が園に愛着を感じることができる原点になっていると言えるでしょう。

＊経営学者

### ポイント2 園の強みを見出し活かす

「ダメなところは取り除ける。けれども、変更しようとするなかで、これまでの良さをどこで補っていくかが重要。そこを守っていけば、園を変えながら進化させていける」（p 20）という言葉に象徴されるように、それぞれ園を変革しながらも、自園の良さとして保護者の人たちに考えられていることは何かを園長先生自身がきちんと押さえ、地域に根づく園としてその良さを大事にしているところがポイントです。急な改革は

私立や民営には馴じまないという言葉を聞いたこともあります。園に受け継がれている哲学や強みを活かし、さらにそれを高めていくためには、具体的な実現性をもって、少しずつ変革することが大事と言うことができるでしょう。

### ポイント3 園長自らが真摯に学び 学び上手のモデルを示す

園児数の減少や園長交替より前からいる職員との葛藤など、園長先生は、数々の難題にも対峙します。また、保育者経験をおもちの先生ばかりではありません。しかし、直面する難題を乗り越えてこられたのは、どの園長先生も、ご自身が、外で様々な研修に行って数多くのことを吸収されたり、ほかの園長先生や協会、研究会などで学ばれたりしていることが大きく寄与しています。園長がいわゆる事業運営の経営者であるという面だけではなく、保育や教育に責任をもつために、ご自身が園の展望を思い描けるように学び、保育者の営みを価値づけられる見識が求められているのだと思います。

### ポイント4 保育者・職員の人生を大切にし、関係性を大事にする

他業種に比べて離職率が高いのが保育職です。働き続ければ、当然その分昇給の保証等の課題も生じます。ここで紹介するどの園長先生も、保育者が専門家として働き続けるための研修や学びの場を大事にされています。それは、一人ひとりの職員を家族のように大事に思い、その人生を大切にされ、思いに寄り添っているということです。保育者との一対一の交換ノートという形や、保育者一人ひとりの保育の姿を撮影するといった形で表れる園もあれば、うまくいかない時こそ園長が話を聴くといった園もあります。保育者一人ひとりとの信頼関係が、保育を支えていることがわかります。

### ポイント5 同僚が学び合うための創意工夫に柔軟かつ責任をもつ

どの園でも保育者が学び続けられるように、研修をすることや、そのための創意工夫を惜しみなく後押しされています。大事なことは、園長自身が指導するというよりも、保育者同士、職員内で学び合える関係をつくることや、ある部分は職員に任せておられるということです。しかしその一方、第2章の園長先生方は、園外で生じている動きを敏感にキャッチし、その知識を共有することで職員に刺激を与えておられます。そこには、あらゆる保育者の学ぶ権利を保障する責任を引き受ける園長の姿があります。ご自身も学び手として、その楽しさをわかっておられるからこその姿と言えるでしょう。

# Chapter 2

## 1 100年後にも残る、究極の「普通の園づくり」

京都府・光明幼稚園
園長　田中雅道 先生

学校法人光明学園
光明幼稚園
園DATA
所在地：京都府京都市中京区六角通大宮西入三条大宮町 277
創設年：1950 年
園児数：165 名
教職員数：22 名

── リーダーの一言 ──

## 究極、ほんまものは残るはず

　田中先生は、（公財）全日本私立幼稚園幼児教育研究機構前理事長であり、私の20年来の知己です。

　2代目園長として30歳代にお母さまから園長を受け継ぎ、30年にわたり園長として活躍されています。「これでいい」と園長としての確信をもつことができ楽しくなったのは、50歳代になってからと話されます。そして、今では「延長保育」ならぬ「園長保育」の試みもされています。何を大事にされ、何を変えていらしたのでしょう。

### ベテランと若手の保育者の交流を大切に

　田中先生は、園に就職したら、職員に幸せになってほしいし、死ぬまで面倒を見る覚悟と語られます。結婚も出産もしてほしいが「園は幸せな空間なので、幸せでないムードをもち込んでもろたら困るよ。その覚悟で結婚してくれたら、なんぼでもサポートするよ」と言われるそうです。

　多くの園にあるように、ベテランと若手の二層化が光明幼稚園にもあります。外部の助言者に保育を見てもらい、若手へのアドバイスをもらうことを大事にされています。「先輩から言われるだけやと、自覚的にならない、日常的になっちゃう。全然別の人から、ぱっと言われると、それは問題として自覚され、改善しようという気が出てくるでしょう。お母さんが日常的に小言を言うと、だんだん聞かなくなるのと一緒」。

　ベテランと若手の交流以外にも、若手の職員がより意欲をもてるような方法を考えておられます。「職員の表情を見て暗いなと感じたら、どう変化するかなと見ますね」。保育者が子どもを見守るように、園長も職員の姿を大事に見とっていらっしゃいます。

子どもたちの育ちを見守り続ける園舎

## 必ず園長がする仕事を決めること

朝は必ず、園児の出欠の連絡を受けます。また、園便りをはじめ、園から発信されるすべての活字(先生方が書いた原稿)に目を通してパソコンに入力し、印刷するのは園長先生の仕事です。「園長がいちばん暇だしね」。保育者であり"引っ張るタイプ"だった先代園長先生。現園長は、保育者経験なし。だからこそ、その中で自分らしい園長のあり方を模索してこられました。

## 保育理念を語り、ほんまものを目指す

「いちばん苦しかったのは園児が減って先代から園を受け継いだ時。園児が減ると何が悪かったのかと思うんですね。これは、たぶんどの園長でもそう。けれど、何かが悪かったからじゃなくて、地域の実情が変わったら、1つの園とか、園長の力量でなんとかなる世界じゃないわけですよね」。その時に給食や園パンフレット、ホームページ作成などに人気の業者を入れ、急に保育を変えて一時的に園児が集まったという園と、田中先生のやり方は違います。

「外部に頼っている限り、ほんまものにはならんやろなと思う。自問自答する園長でないとあかん。教育課程があるのだから、自由保育でも、そこで何を大事にしているかを、園長が親に自分の口で語りきれるかどうかが勝負」と言われます。「私立幼稚園はその園が好きだから来ている人がいるわけで、そこを否定したら足元を否定することになる。今ある足元を大切にし、次の良さ、高みは何なのかを考え、その高みを常に目指していく。究極、ほんまものは残るはず。だから、時代の影響は受けるけれど、ほんまものになれるかどうかだけが仕事」。

園長が次に何を目指していくのか、職員とも保護者とも共有し、園をつくっていく。卒園生から、前よりも良くなっていると言われる園、100年後にも残る、究極の「普通の園づくり」をしたいと語る先生は、具体的にいろいろな夢を語ってくださいました。みんなの夢が、園の"ほんまもの"のビジョンと保育の真髄を生み出すと感じた時でした。

# Chapter 2-2 話し合い、振り返りが園をつくる

福岡県・きらきら星幼稚園
**園長　黒田秀樹 先生**

学校法人黒田学園
きらきら星幼稚園
**園DATA**
所在地：福岡県行橋市矢留810
創設年：1977年
園児数：300名
職員数：35名

―― リーダーの一言 ――

## 園長が自分の中でいつも火を燃やし続けるのが、園の原点

　黒田先生は大学で幼児教育を学ばれ、ご自身が初代園長となって幼稚園を40年前に開園されました。

　当時3人の保育者と始められた園も現在では11学級になっていますが、創設からの保育者が今も働いておられます。円滑な園運営の鍵は信頼関係であり、園長が夢をもって語ることに共振して、保育者もついてきてくれたと言われます。クラス数が増えても、大事にしていることは、お互いに話し合うことと、振り返りを大切にすることです。

### 話し合うこととそのための手立て

　職員会議でも日常の園生活やお茶の時間などでも、そこに園長が入って教職員と語り合い、納得できない時は、きちんと、でも、若い先生にも怖がられないようやさしく伝えるようにされています。この、話し合うことを大切にする精神からオリジナルに考案されたのが、保育者との交換ノート。

　「ほかの人には絶対に見せない、あなたと私だけのものだから」ということで書いてもらい、園長も必ずコメントを返すようにされています。「私の気持ちも聴いてもらいたい、相手の気持ちも聴きたい」ということで、直接話すことがいちばんだと言われます。

　時間は限られているので、時には振り返りとして「ここはちょっと聴いてもらいたい、と思うところを1つだけ選んでラベルに書いて語る」ということもされています。

### 振り返りのためのフォトカンファレンス

　まだ園を始めて間もない手探りの頃、近くに川があるので、木工で船作りをやってみたそうです。ちゃんとした船を皆で作ろうと共同製作をしたけれども沈んでしまっ

気軽に保育者皆で集まり、保育を語り合う場をつくる

た。そうした時に、その活動の意味を話し合うことが1つの研究になって、園の活動のレベルを高めていく経験をされたそうです。一緒に話すと保育が深まるという経験です。

話し合い、振り返る方法として、最初の頃は語るだけだったが、その後、付箋を使ったり動画を使ったりといろいろな方法を試みられ、今は、フォトカンファレンスが良いと写真を用いて行う保育の振り返りを大切にされています。

フォトカンファレンスでも、初めは先生たちに、なぜこの場面が良いのかを3分で語ってもらっていたのが、3分では短いので5分にされました。そして、写真を提示してみんなにわかるように語り、みんなもそれが腑に落ちなかったら遠慮なく質問していきます。教職員が話し合いをしやすい雰囲気づくりの工夫をされています。

## リーダーの情熱がものを言う

自分で園を開かれて40年となります。先代園長というモデルがないなかで、最初は自分の年齢より保護者の年齢のほうが上というところから、いろいろな人々との出会いによってやってこられたと言われます。保護者にも夢を語ることで、PTAでも共感や同調してくれる人の輪が広がり、おやじの会も生まれていったそうです。

園の持続の秘訣を、「いつも旗を掲げて、こういう幼稚園をつくりたいんだという夢をもち、園長が自分の中でいつも火を燃やし続けるのが、園の原点」と言われます。この火をともし続けることで、「きらきら星が大好き」と言って実習に来る学生さんも多く、園出身者と併せて今は職員の大部分となっておられます。すると、例えば子どもの作品の飾り方を見て園長が「これ、ないよね？」と言った時、その意図がわからない若い先生たちに、古参の先生たちが「こういうことじゃない？」と具体的に伝えてくれるようになってきたと言われます。

園の良さを教職員が理解していることが、園の風土を形づくっています。「子どもが子どもの時間をたっぷり楽しめる幼稚園」という理念。この理念の火を園長が燃やし続け、具体的にその共感の輪を、語り合いを通して育てていくことが園の保育の魂になる。これこそがリーダーシップだと感じました。

# Chapter 2

## 3 園の改善点は全員で考える

東京都・板橋富士見幼稚園
**園長　安見克夫 先生**

学校法人安見学園
板橋富士見幼稚園
【園DATA】
所在地：東京都板橋区宮本町29-1
創設年：1972年
園児数：166名
職員数：19名（専任13名）

―― リーダーの一言 ――

## すべての責任は最後まで私がもつ

2代目園長になられて35年。初めに数年間の実践を経験された後、園長先生へ。園の保育のありようを時代とともに、先生方と共に徐々に変えてこられました。新任園長時代は、様々な講演や研修に参加して、自分で保育を行っていて変だと思ったところへの対処方法や、職員マネジメントの方法を学んだと言われます。

### 変更する時は皆で考え、どこで良さを補うかを考える

「『この幼稚園の保育はパッケージごと変えなければ、良くならないよ』と外部講師に言われ、その助言をもとに徐々に保育を変えていったのだけれど、先生方との合意のうえでやっていく時にいちばん大事なのは、どんなものの中にも良さとダメなところがあることを自覚すること」と言われます。

当初は、外部講師の助言に沿ってすぐに手を出していたそうですが、それでは先生方のやっていることが否定されてしまうことがあると気づかれたそうです。「ダメなところは取り除ける。けれども、変更しようとするなかで、これまでの良さをどこで補っていくかが重要。そこを守っていけば、園を変えながら進化させていける」と感じられたそうです。

例えば、「お手紙ごっこや文字を書くためのコーナーを新設した横に、今まで個別に使っていた『あいうえお帳』や『線のワーク』を常設しておくといった変更なら、説明すれば先生方の合意は得られる。ただ、親にどう説明するのか。その際、これまでの取り組みのなかの良さをどのようにすれば担保していけるかを先生方と話し合いながら考えるようにする。例えばこの場合、ポストを園庭に作って、親に活動を視覚的に捉えてもらうなどの工夫をした」そうです。変更する時は、親が思っている園の良さをどこで補うかを明確に伝えれば、理解していただけると言われます。

改善点は園内研修で全員で検討する

## 職員育成のためのシステムづくりと精神を伝えること

　教職員の基礎教育資料作りを10年かけて進められ、『板橋富士見幼稚園・保育内容研究資料』として150の要点をまとめられました。これを、採用する職員に一対一で説明することによって、基礎の共有を図っておられます。同時に、例えば、「京都の料亭に行くと、入り口に水を打ってあるが、それを見てどういう気持ちになるか」といった話題をふり、子どもたちが登園する際、門から園庭を見た時の気持ちはどうかを話しながら、打ち水のすがすがしさや大切さを伝えられるそうです。

　「具体的な例をもとに説明し、先生方がそれを自分のものにしないと毎日励行していけない。そのうち嫌になっていく。打ち水のすがすがしさを理解できると、園長が黙っていても、登園前に泥が跳ねた植木鉢をきれいに拭いたり、手入れをちゃんとしたりなどもできるようになる」と言われます。「先生方の中にすがすがしさを感じる心を育てれば、保育でもすがすがしさを保とうと努力をしてくれる」のだそうです。

## 教えないで相互に学んでもらう

　疑問を投げかけ、相手が思っていることを引き出しながら先生方一人ひとりの考え方を把握していくことが、リーダーシップをとる際のポイントになると言われます。「基本的には、自分で学んでもらい、迷って悩んでつっかかりそうになったところで助ける。そこまでは見ている。親から苦情の電話が入ってしょげて電話口でやりとりをしていても、聞いて聞かぬふりをし、ずっと見ている。対処の方法は自分で考えさせる。大学で身に付けた能力で、今度は実践で自分なりにやってごらん、私があなたを採用したわけだから、すべての責任は最後まで私がもつのであり、決して途中で放り投げることはないので、何をやってもかまわない」と話すと、最初に園の保育の精神についても伝えているので、いろいろなことを思いきり試していけるようになると語られます。

　初めは誤ったやり方でも、先輩の先生もどんどんアドバイスしてくれるので、互いに教え合いながら育ち合っていくことができると言われます。

　私自身、この園で30年以上学ばせてもらいながら一緒に育ててもらってきましたが、進化し続ける園の中で、園長先生も職員も互いに育ち合うための極意がここにあるのかなと感じました。

# Chapter 2

## 4 保育者の良さ、園の良さに目を向ける

神奈川県・認定こども園
宮前幼稚園
**園長　亀ヶ谷忠宏 先生**

学校法人亀ヶ谷学園
幼稚園型認定こども園
宮前幼稚園
**園DATA**
所在地：神奈川県川崎市宮前区野川1060
創設年：1961年
園児数：370名
職員数：37名

― リーダーの一言 ―

## 夢は、地域でお母さん同士が共同養育できる場の提供

　お父さまの跡を継いで、他園での幼稚園勤務経験を経て、36歳で園長になられました。当時を振り返り、「若気の至りというか、いろいろな園を見る機会がたくさんあって、そういういいものを見ると、すぐに取り入れたくなるけれど、でも表面的なものであったり。先生たちも皆ついてきているなと思ったら、後ろにだれもいなかったりすることもあり、思えば、保育者の負担になっていた」。こういった経験を経ながらも、今振り返ると、その経験も無駄にはなっていないと言われます。「うちの園で働くことを望んで来てくれた先生たちだし、遊びが大事であるとか、子どもに寄り添って、といった保育の方向性は先生たちと一緒だなといつも思っています」と、現在の園の一体感を語られます。

### 保育者も含め、よい表情の写真を撮る

　園長は、上から無理に下を引っ張り上げようという感じでなく、まず自分が下に下りなければいけないと感じられています。保育者自身に自分の良さを感じ取らせる1つの方法として、亀ヶ谷先生が写真を撮って、「あなた、こんないい表情で保育をしているよ」とか、「子どもとの活動でこんないい作品を作っているよね」と伝えられています。子どもの写真だけではなく保育者の写真もというのが亀ヶ谷先生の特徴です。先生いわく、「保育者には、自分が保育している姿は見えない。写真は、私がいいと思った瞬間を撮っていくわけだから、そうすると、『園長先生は、こういうところがいいと思っているのね』みたいに、どういうことをいいと思っていたり、大事にしていたりするのか、方向性を暗に感じ取ってくれているかな」。そして、「園の保育の方向性が、先生だけではなく、保護者にも伝わっていくこと」も写真の効用だと言われます。

子どもと保育者の、いきいきとした表情をとらえたい

## わくわくする保育ができるためのサポートをする

　保育者をやる気にさせるコツは、保育者自身がわくわくする保育ができるかどうかだと考えておられます。しかし、子ども中心の保育を最初から若い保育者が行うのは難しい。そこで、全体主任の先生や副園長先生（奥さま）が、あらかじめ「こういうことはしておいたほうがいいよ」など、伝えられるところを伝えておくそうです。絶対に100点満点でできることはないのです。何かが起こったら、手順をきちんと話し、うまくいかなかったところを伝えながら、「今度はこうしよう」というようにサポートする役割を担われているそうです。このサポート関係をつくりだすには、園長先生が、主任先生や副園長先生を信頼して任せること。例えば、旅館でも、トップではなくおかみがしきっているとうまくいくように、園長先生はむしろ少し職員と距離をおきながら、外に出て新たな知識を得ることを大事にされています。

## 井の中のかわずにならないことが大切

　園長先生自身が、若い頃から外で学んでこられているので、保育者も外で学ぶことが絶対に必要だと考えておられます。園としては大変でも、外部の研修にはなるべく参加してもらうようにすることで、園の活性化を図っているのです。特に大事にされているのは「アート」。21世紀を生きていく子どもたちにとって創造性の部分は大事です。だからこそ、言われたことだけをやっているのではなくて、自分で何か新しいものをつくりだしていくことに加え、それを喜びとしていけるように、幼児期にこそ、そのような力をつけていきたいと言われます。またそれは、子どもだけではなく保育者にとっても刺激になるとお考えです。

　そして、これからの先生の夢は、「お母さんの出産が終わって、子どもが就園するまでの間に、お母さんと子どもが来て、安心してお母さん同士が子育てを共有できるような、地域で共同養育ができる場を提供すること」と語られます。

　親子が安定していると、子どもが集団に入った時、子ども自身の状態も安定するのでクラス全体として良い保育ができる。子どもの長期的な育ちと、目の前の子どもや保育者の姿とを重ね合わせながら、大きな夢を語ってくださいました。

# Chapter 2

## 5 新たな保育を工夫してつくる

石川県・認定こども園
龍雲寺学園バウデア学舎
学園長　木村昭仁 先生

社会福祉法人竜樹会
幼保連携型認定こども園
龍雲寺学園バウデア学舎

【園DATA】
所在地：石川県金沢市寺町 5-12-40
創設年：1948 年
園児数：定員 115 名
職員数：29 名

― リーダーの一言 ―

# 保育は文化活動

幼保連携型認定こども園の学園長である木村先生のお話をうかがいました。

外資系の会社員をご経験後、ご実家のお寺の園を受け継ぎ、30歳代初めに4代目園長になられました。しっとりと落ち着いた雰囲気の保育をされる園をリードする個性的な園長先生は、自園だけではなく、地域の保育文化をつなぎ、活性化することを目指すキーパーソンとしてもご活躍されています。

## 専門性で信頼を得る

まず、「自分の母親が主任保育士として保育現場にいて忙しかったので、僕のおむつ交換や哺乳などをやってくれたのは保母さん。保母さんに育てられていい思い出がいっぱいなので、保育者のことを悪く言うやつは、僕は許しません」と、子どもの頃から保育者への信頼や尊敬をもって育ってこられたと語ってくださいました。

しかし、いざ園長になられた頃。ちょうど、1990年の『保育所保育指針』の改訂などを踏まえ、新たな保育をやろう、園の保育を変えようとした当初は、保育者はついてこなかったそうです。「保育の世界では専門性がないと、園長という役職だけでは共感を得られない。勉強しないとだめだとすぐに気づきました。副園長である母親に負ける理由は、保育士さんを納得させる力が自分にないせい」と、海外の新たな保育などを必死で学ばれたそうです。でも最初は、新しい保育をやろうと伝えても「じゃあ、どうすればいいんですか？」と保育者から捨て台詞を吐かれたこともあったと言います。

しかし、「『だれもやっていない保育をするのだから、自分たちの保育をつくれるよ』と言った時、主任が『うちの園ならできるよ』とサポートしてくれました。園長である私が、その保育を行う正しい理由と新たな知識を

子どもが思い思いに遊べる場を提供する

もち、保育者がそこから自分たちで工夫していく関係ができてからは、園の保育が変わっていきました」と話してくださいました。

## 居場所を保障する7割主義

また、会社員としての経験を活かし、ISOを取り、ヒヤリハットのリスク管理などに早くから取り組み、物事をはっきり証明していくシステムづくりをされたそうです。

しかし、15年目ぐらいに1つのターニングポイントがあったと言われます。「マニュアル化してやっていくと、ある一定のところまではいくのですが、遊びのダイナミズムが失われ、つまらなくなるんです。そこで、いわゆる"70点"でいいじゃないかと。品質管理だと、品質に合わないものはだめなもの、売り物にならないものになると思うのですけど、子どもの場合、その子はその子、と考えると気が楽になる。7割主義でずっといくと、子どもの居場所もどこかに必ずできてくる。そこから、家庭的な要素も含めた養護を中心とした保育が、絶対的におもしろいなと思えるようになりましたね」と転機を語られます。

## 遊び心と父性的要素をもつ

遊び心、つまり「もっと遊びたい」「子ども が、もっと楽しく遊んでほしい」ということが大事であり、「子どものことをいちばん理解している保育教諭が、何をやりたいかをわかっていること。何をやりたいかを明確にさせる」のが、園長先生の仕事だと言われます。

例えば「子ども同士がけんかして、良い悪いは、保育者はわかっている。そこに、『待て、待て。争いはやめろ。やめろ。やめろと言ったらやめるんだ』とだけ言って去っていく。そういう父性的な役割を園長が担ってきた」と言われます。

## 文化活動としての保育

40歳代から保育団体の地区部長を務められている経験から「保育は文化活動。自園だけが良くなることを目的としません。社会が良くなるためには、自分たちがいいなと思う文化を他園にも伝えつつ、時には批判し、時には教えてもらったりする連携がとても大事。互いに"うちのやり方がある"と言い合える環境を自分でつくらないといけないと思った」そうです。

自園だけに閉じることなく、園長仲間で共に育ち合っていく環境そのものをつくることが、新たな保育の創造のためのリーダーシップだと感じた時でした。

# Chapter 2 - 6
## 子どもの思いや保護者の声が活かせる保育者を育成するために

神奈川県・認定こども園
ゆうゆうのもり幼保園
園長　渡邉英則 先生

学校法人渡辺学園
幼保連携型認定こども園
ゆうゆうのもり幼保園

**園DATA**
所在地：神奈川県横浜市都筑区早渕2-3-77
創設年：2005年
園児数：210名
職員数：30名

---

**リーダーの一言**

# おもしろいと感じるところより、大変そうなところに入っていく

お母さまが園長でいらした港北幼稚園での副園長の経験に加え、認定こども園ゆうゆうのもり幼保園など2つの園で20年近く園長をされてきました。特に2代目として、世代によって異なる保育観の葛藤を乗り越えながら、認定こども園の中で新たな保育をつくってこられました。

### 保育者の悩みを聴きながらの変革

「今でも大事にしているのは、障害児や配慮の必要な子。その子たちって、ほかの子どもたちと一緒のことができないから保育者たちも大変だと言います。

その場合、その子たちとかかわりつつ、保育者の悩みなどを聴きながら保育をしていくことで、保育者たちと、『もうちょっとここを変えてみよう』といった話ができます。

例えば、紙に絵を描きたくないと言う子に、砂に指を使って電車を描いてみようと言ったら、それをきっかけに電車が大好きになり、その後、何枚も描きだしたりする。すると、保育者もうれしいわけです」と言われます。

### 保護者に参画してもらうことが、職員の資質向上につながる

今は「保育参加」ですが、以前は「保育参観」でした。その際、園庭マップに子どもたちが何をしているのかを描いて保護者に配布し子どもたちの遊びを観てもらったり、白紙の園庭マップを渡し、子どもの遊びに付き合ってもらいながら書き入れてもらい、遊びの中で保育の見方を伝えていったりもされたそうです。

また、おやじの会を含めいろいろな活動もされています。「お父さんたちに、子どもや保育に関心をもってほしいから」と考えたのだそうですが、反対に、保護者からの提案が先生たちにとって刺激になってい

子どもが子どもらしく生活できることを大事にしている

るとも言われます。

　園内での保育者の研修も大事にされていますが、保護者や地域など外部の人に開かれていることで、そこから受ける刺激から保育者が学び、楽しめることが多くなるということが、園の学びの中核になっているようです。

　周りの信頼を得ながら働くことで保育のおもしろさを感じ、保育者もまた、周囲に巻き込まれていっています。

## 認定こども園だからこその新しい楽しみ方のシステムをつくる

　幼保の保育者が一緒になってのチームだからこそ、夏休み期間などで日常とは異なるチーム保育ができ、普段の保育とは違ったいろいろな保育のアイデアや工夫が活かせるようにしています。そのため、いろいろなシフトの工夫もされています。

　そこでは、保育者同士、ほかの保育者に伝えたり説明したりする必要が生まれるので、そのこと自体、保育者がいろいろな保育にふれられる機会になり、日常の中での研修になっています。また、開園記念日に皆で一緒に他園見学に行ったり、年に2回、同じ法人の港北幼稚園との合同研修を行ったりするなど、法人のビジョンが共有される工夫もされています。

## うまくいかない時こそ、園長先生が聴き、前に出る

　「保育者がやりたがったら、やらせてあげたいと思っていて、どうやってやろうかと知恵を使うのは任せています。本当に子どものことを考えてのことであれば、それを応援しようと思っています。だから、おもしろいと感じるところより、大変そうなところに入っていきます。うまくいかないとか、このクラスは困っているとかいう時に保育の中に入っていって、先生と子どもたちの関係の中で何かできないかなと考えています」と話されます。

　「他クラスと比べてそのクラスだけがだめ、などと周りに言われたら、自由に任せられなくなる」から、子どもと同様、保育者の動きもきめ細やかに捉え、困っている時には徹底的に付き合っておられる園長先生の姿があります。子どもも保育者も保護者も大事にする保育実践の哲学にふれさせていただいたインタビューでした。

# Chapter 2 ⑦ 地域のセンターとしての園づくりは、民主的な職場体制から

栃木県・認定こども園
あかみ幼稚園
理事長　中山昌樹 先生

学校法人中山学園
幼保連携型認定こども園
あかみ幼稚園
**園DATA**
所在地：栃木県佐野市赤見町2041
創設年：1959年
園児数：342名
職員数：99名

― リーダーの一言 ―

## 園が、地域の子育ての ビオトープとしての役割を

　他園で3年間、幼稚園教諭を経験され、それから自園に戻られ副園長を経たのち園長になられました（現在は理事長）。

　副園長の時代から預かり保育の必要性や、その実施の際に感じた子どもの免疫力低下を踏まえた食育に力を入れた給食の導入など、園の機能を増やしながら、地域のセンターとして根づくための園の仕事とは何かを考えてこられました。

### 遊び中心の保育を 自らがリードして説明していく

　友人の先輩園長から「変えるならゆっくり変えろ」と助言されたそうです。しかし、遊び中心の保育にすぐに変え、行事などをできるだけなくしていきました。園長自ら遊びの"ガキ大将"になり、鬼遊びなどにも積極的に入り、地域探検などもされたりしたそうです。

　その当時はまだ、保護者への「説明責任」の概念を十分に理解していなかったこともあり、園の評判が悪くなり、園児が減ったと言われます。でもそれは、保護者が「保育参観に来てもどこを見てよいかわからない状況だったから」と回顧されます。しかし、若い保育者はその遊び保育をおもしろがってついてきてくれ、今では園の中堅を担われています。

　その後、遊び保育を堅持し、保護者にひたすら説明していったことで地域にも理解され、しばらくのつらい年月を越え、園児はまた増えていったそうです。園の保育の説明のための情報開示や、1年間の生活の映像記録を手作りで製作することなどで、保護者の園の保育内容への理解を促していかれました。

　また、遊びを中心とした保育を深めるため、大学研究者を外部講師として定期的に招いておられます。一時期、事情で中断したことがあったそうですが、保育者側から

園庭のビオトープを探険する子どもたち

「もっと学びたいので先生を呼んでほしい」というリクエストがあり再開、継続されているそうです。

遊び保育を行うことは難しいけれど、放任とは違うことの理解を園の皆で共有することができ、また、「保育者にとって、研究者が保育を意味づけてくれることは、理論的な支えができることになりとても光栄なこと。『難しさ』と『奥深さ』の理解につながった」とも言われます。

今でも、悩みながらも担任がクラス便りを書き、保育者自身のエピソードや言葉で保護者に遊び保育の大切さを伝えているそうです。

## 職員を大事にした民主的な職場体制づくりへ

以前は、「職員皆が遊び保育に夢中になっていると帰りも遅くなる。しかし、それでも皆が熱心にやってくれているから……」と思っていたそうですが、次第に時代が変化し、それが若い世代には通用しない時代になりました。「ヨーロッパやアメリカでは、働く時間が短く、プライベートな生活や暮らしを充実させながらも会社の業績は上がっていく。生産性の話です」。園長自ら考え方を変えていかれたと語られます。

また、職員体制、配置は、園長先生だけでなく保育者たちで決めています。ミドルリーダーの集まりとなる主任会議を大事にし、民主的な園運営や体制づくりをされています。

## グループ研修を中核にして

認定こども園では、シフトの関係から職員会議が全体ではできないので、研修もグループで行います。また、「実践検討会」や「まとめの会」を行い、カリキュラム・マネジメントとしての振り返り（PDCA）を、教育課程・保育課程と照らし合わせながら行います。これは、ご自身が保育者経験のなかで学んだことが活かされています。

また、午後の3、4、5歳児の異年齢クラスにもクラス担任と主任を配置し、それぞれの乳児、幼児、異年齢クラスで「まとめの会」を行いながら、園長先生や主任先生がそれをつなぐ形で、タイムマネジメントの工夫もされています。

昨今、園が地域コミュニティや子どものための生態系となり、子どもが育ちやすく、子育てもしやすいような場に再構築されることが望まれています。中山先生は、「認定こども園などが拠点となって、地域の子育てのビオトープとしての役割を」と夢を語られました。

# Chapter 2

## 8 地域の文化を活かした保育と造形教育

佐賀県・認定こども園
あかさかルンビニー園
園長　王寺直子 先生

学校法人華光学園・社会福祉法人
浄元福祉会　幼保連携型認定こども園
あかさかルンビニー園
園DATA
所在地：佐賀県西松浦郡有田町赤坂丙 2351-192
創設年：1999 年
園児数：180 名（定員数）
職員数：30 名

― リーダーの一言 ―

## 地域の特色や創設者の思いを大切にし、つないでいく

お父さまが、「幼稚園でも保育所でも同じ幼児教育を」という理念から両方の園を開設されました。20 年ほどその幼稚園で保育者を経験された後、園長を継がれ、認定こども園開設が可能となった 1999 年、ご自身の手で認定こども園を創立されました。

### 幼児教育を大事にした、幼保一体の園のルールづくり

一体化した当初は、「例えば、雨が上がった午後。園庭の水溜りに、保育所の保育者たちは、雑巾を持ったりして水溜まりの水をバケツに集めていく。一方、幼稚園の保育者はそれを見て、『何をやっているの？　今からがおもしろいのよ』と言う」。そのくらい、双方が違った意識をもっていたそうです。

その様子を見ながら、安全面や衛生面の大切さや、子どもの気持ちや教育の価値をお互いに話し合いつつ、確認しながら、園のルールづくりをされていかれました。

息が合っていくまでに 10 年かかったと言われます。そこで大事にされたのは、納得がいくまで話し合いをすることです。今では、ローテーションも研修も全員が同じように参加されています。

### 地域の文化を活かして

園は有田焼の産地にあります。町中に有田焼ならではのフォルムやデザインがあるからなのか、有田町の子どもたちからは、ほかの地域の子どもとは違う色や形のものが生まれるということに気づかれました。

そして、地域のためにも、伝統産業を次の時代を担う子どもたちにつなげるのは幼児教育の務めだと思い、感触遊びや素材遊びをはじめ、いろいろな研修において、地域の大学の造形教育の先生らを講師に招きながら、職員の資質向上も図ってこられました。

乳幼児期から造形活動を通して、感性を育みたい

　年度の初め、運営する3園が合同で、年間でどういう教育をしていくのかという園の理念を確認されています。どんなクラスにしたいか、どんな子どもたちの育ちの姿を目標にするのか、新卒でも10年目でも複数担任でも、自分の保育の理念を1人ずつ書いて共有します。

　そこでは、造形教育を中心としますが、最初の期は1人ずつが計画を立てます。しかも、その活動を『幼保連携型認定こども園教育・保育要領』と1つずつ対応させながら指導計画に印をつけ、確認しながら進めていかれるそうです。

　自分の好きな計画を進めるのではなく、園全体で向かう方向を合わせられるよう、丁寧に確認することを大事にされています。

　また、各クラスにカメラを備え、計画で実施した活動の記録を写真に撮り、保護者たちとも共有します。お迎えの時に見られるようスライドショーにして、大型テレビに映して流されているそうです。

　保育者も保護者も、皆で子どもの育ちを共有することを大事にされています。

## 女性が働き続けられる職場体制と、学び続ける園長

　ご自身の子育て経験から、1年間の育休の保障と、復帰後は自分の仕事時間を選べるようにされています。また、職員の子どもは職員皆で育てるという考え方を共有し、女性の職場でお互いに支え合って働き続けられる体制の工夫をされています。

　そして、「有田焼の土地だからこそ園にアートを」との考えから、50歳で、1度、園長から降格して副園長になり、大学院の美術教育の修士課程に入学されて乳児の美術教育について研究し、自園での子どもたちとの経験をもとに修士論文を書かれました。園長自身が学び続けていく姿が若い人々のモデルとなっています。

　これから園長になる人に対しては「創設者の考えを昔のこととしてしまう声をよく聞くけれども、創設者の思いを大切につないでいき、自分の保育理念、子ども・家庭に対する理念をもつべき」とのメッセージをいただきました。

　認定こども園のパイオニアのお話から、理念を明確にもつことが、変わりゆく時代に対応した新たな保育をつくる真髄であると感じたインタビューでした。

# Chapter 2

## ⑨ 地域のニーズに応え、職員が長く勤務できる園づくり

兵庫県・認定こども園
多夢の森
理事長　谷村　誠　先生

社会福祉法人みかり会
幼保連携型認定こども園
多夢の森
園DATA
所在地：兵庫県神戸市垂水区南多聞台 4-4-50
創設年：2001 年
園児数：105 名
職員数：30 名

── リーダーの一言 ──

## 困っている人を見つけて、手を差し伸べるのが地域福祉の基本

お母さまの保育所を25歳で継ぐことになり30年。その間に待機児童対策等もあって11園の保育施設の理事長となられました。兵庫県・淡路島を基点にして、そこからさらに園の運営を発展させていかれました。

### 若手園長の学び

保育経験はないので、青年会議所や団体の研修に積極的に参加し、そこで、長のあり方や組織のリーダーシップ論などいろいろと学ばれたそうです。研究会などにも積極的に参加され、欧州の保育を見たことがきっかけで、3年かけて異年齢の保育へと環境を変えていかれます。

最初、保育者や保護者の抵抗もあったなか、メリット、デメリットを皆で考え、丁寧に語り合いながら、園運営を進められました。今でも、「1クラス1部屋主義では、その部屋だけを使うことになる。だけど、こ

のスタイルであれば、園全体を1人のお子さんが使える」など、意図的に、保護者にもわかりやすい説明を心がけておられます。

そして30歳の時、少子高齢化が進む淡路島で老人のケア施設を手がけられます。「人口は減っていくけれども地域のニーズに応じたミッションを果たそう」と考えられたそうです。

### 複数園の運営の工夫

2園目の開園に際し、『保育所保育指針』の改訂などもあり、大きく意識ややり方を変えられました。

例えば、委員会制度。「危機管理」等について、各園各施設からそのテーマを扱う委員が1人ずつ出て、皆で考えるようにされました。そして皆で、法人としての3年から5年スパンの中期計画と、翌年の短期計画とを立て、実践し、委員会ごとに振り返

子どもと高齢者と障害児(者)が日常的にかかわる

りをされています。

また、自己評価等については、複数園ならではの方法として、お互いの施設や保育を見合って自園に活かす園間ネットワーク型で運営されてきました。第三者評価を導入し、それらをPDCAの「C」にしっかりと位置づけ、法人全体で委員会をもとにしたPDCAサイクルを進められています。

そうした仕組みであることから、早くから、物理的に離れていても会話ができるようなネットワークづくりを採用してこられました。

### 相互に育ち合う研修と仕組みづくり

職員が長く勤務できるように、まず、様々な補助を活用して処遇改善を図っていると言われます。

また、保育者にやる気を出させる仕組みとして、現職研修は「教えて育つ」を実践することが大事だと言われます。実習生の指導にはおよそ3年目の保育者が、新任研修は中堅がというような関係性のなかで学び合い、また、人前で事例を研究発表するなどの機会も積極的に与えているそうです。

そして、「見て学ぶ」ことも重視されています。先輩たちの保育を見て学ぶために、同一法人だけではなく他園訪問も行っています。エリア保育を導入した時には、違う園のスタイルを見るために、日曜日に園の職員全員で他園を見に行くことなどもされてきました。

保育の方針を語る際、「個別性」「主体性」「創造性」などと言われますが、それらを踏まえてなお「何か1つ足りず、すべてを一斉に動かしている感じがした」時には、全園児個別月案の作成へと切り替え、同時に、仕事量への配慮から、ICTを導入され作業の軽減を図られました。

また、役割や仕組みを工夫することで1法人の中で働き続けられる方法を実現され、キャリアアップの階梯もつくっておられます。そして、同一法人の中でアドバイザー、チーフアドバイザー、スーパーバイザーなどの役割をつくり、園同士をつないだ研修体制も敷いておられます。

「困っている人を見つけて、手を差し伸べるのが地域福祉の基本」と理事長先生。法人が運営する園設置の場所は、保育者がお互いに行き来でき、研修なども一緒に行える範囲にこだわられています。1法人複数園だからこその良さと園長のあり方を語ってくださいました。

# Chapter 2

## 10 子ども・保護者・保育者が絆と信頼を積み上げるために

滋賀県・認定こども園
保育の家しょうなん
園長　塚本秀一 先生

社会福祉法人湘南学園
幼保連携型認定こども園
保育の家しょうなん
【園DATA】
所在地：滋賀県大津市平津2-4-9
創設年：1989年
園児数：130名
職員数：52名

――― リーダーの一言 ―――

## いろいろなタイプの子どもがいるから、のんびりした職員もいれば、慌てものの職員がいてもよい

　当園の法人には114年の歴史をもつ児童養護施設があり、そちらで施設職員、事務長をされていた38歳の時、理事長からの指名で、保育士の経験はなかったのですが、突如、園長先生になられました。

### 保育者の働き方の見直しと、保護者との関係づくり

　法人の歴史を踏まえ、保護者のために24時間365日開所しようとする方針でしたが、現在は、朝6時から夜9時まで開所しています。

　塚本先生が園長になられる前までは時間外勤務も当然とされ、夜も会議があったり、親のニーズに応じて様々な行事があったりしたのを塚本先生が見直されていきました。当初は、「今までは、自分たちの子育てを助けてもらえていたのに、新しい園長は助けてくれないのか」と言われたこともあったそうです。けれども、無茶はしなかったこともあって、その保護者の方たちとは今も付き合いがあり、また、その頃一緒に改革のために頑張った職員の方が、現在は園の中核になっておられるそうです。

　先生ご自身、児童養護施設から保育所に移られ、毎朝夕の送迎で保護者の方に会いクレームを受けた経験から、保護者支援を勉強したいと、全国私立保育園連盟の保育カウンセラー養成講座に通われました。保育カウンセラーの資格も取得されました。

　そして、いつしか職員の方々もその講座を受講するようになり、現職員中19名が受講し、4名が資格を取得されているそうです。園では4年目以上の職員が受講できる講座という位置づけですが、現在、受講希望者が順番待ちをしている状態だそうです。この講座で学ぶ、傾聴・受容・共感が、保護者からの信頼や評判にもつながっていると言われます。

子どもも保育者も多様な価値観を尊重したい

## 一人称で考える職員を育て、研修のために「研修協力日」も

「私の園」と言える職員を育てること、つまり、二人称、三人称ではなく、一人称でそれぞれが考えることを大切にされています。そのため、0・1・2歳、3・4・5歳の担当者、コーナー保育の担当、障害児保育の担当など、職員がいろいろなグループをつくって、園の方針、キャッチフレーズなどを考えていきます。その際、園長がかかわり、最終的に職員皆で決めるやり方をされています。そうすると「自分がつくったものだから」との意識が生まれ、一人称で考えるようになると言われます。

また、365日開所している園なので、毎月第4土曜日を「研修協力日」に設定されています。「僕らも勉強させてほしいし、会議もさせてほしい。お子さんを預かるための保育を職員皆で確認し、共有するために時間を取りたいので、この日はぜひ協力して保護者の方も休んでほしい」と保護者に依頼し、職員の研修や会議のためにまとまった時間を確保されています。そして、研修では振り返りのために、エピソード記録を活用されています。

## 多様な価値観の人々との園づくり

同じ価値観の人間ばかりが集まったら、同じ価値観の保育しかできない。いろいろな職員がいないと、子どもが窮屈だと言われます。「いろいろなタイプの子どもがいるから、のんびりした職員もいれば、慌てものの職員がいてもよい」とのお考えから、多様な価値観をもつ方を採用されています。

また、塚本先生ご自身に保育経験がなかったことで、聴かなければわからないことがたくさんあったことから、「いろいろ判断するためには情報をもらわないといけないので、職員や子どもの多様な声を聴くようになった」と語られます。

研修協力日の第4土曜日には、職員と一緒にバスでいろいろな園を見学に行き、その後、それについて語り合うこともされています。また、何でも言える雰囲気づくりのために、お互いに「先生」の呼称ではなく「塚本ちゃん」などと名前やニックネームで呼び合うようにされているそうです。だれもが相互に親しみを感じ合えるよう絆と信頼を積み上げ、どの人も安心していられる「家」のような園となった土台には、塚本先生のリーダーシップがあると感じたインタビューでした。

## Column 1

# 園長の持論と夢見る力

　園長先生たちは、ご自分の園の実践に埋め込まれた理論としての「持論」をおもちです。それは、その園の歴史と園長の経験に基づくものですので、そこには生きた経験知があります。それは、降り積もった経験から析出するものだと思います。語っていただいた珠玉の言葉のすべてをこのページの中で紹介することはできませんが、そこに見える共通性の中に、これから園が進む方向性としての指針があるように感じます。園長がもつ、園のこれからに対する夢見る力が、園を高みへと導いていきます。

　「今ある足元を大切にし、次の良さ、高みは何なのかを考え、その高みを常に目指していく。究極、ほんまものは残るはず。だから、時代の影響は受けるけれど、ほんまものになれるかどうかだけが仕事」(p17)「いつも旗を掲げて、こういう幼稚園をつくりたいんだという夢をもち、園長が自分の中でいつも火を燃やし続けるのが、園の原点」(p19)「創設者の考えを昔のこととしてしまう声をよく聞くけれども、創設者の思いを大切につないでいき、自分の保育理念、子ども・家庭に対する理念をもつべき」(p31) と語ってくださいました。そしてそれは、子どもたちの未来を夢見ることにつながり、それに対しての責任感にもつながっています。これは「一人ひとりの子どもが（中略）その子らしく輝いていけるように。そして共に生きる喜びを味わえるように」園の卒園生であることを誇りに思ってもらえるような園であり続ける、(p51)「将来、社会に出て活躍し、立派な納税者になってもらいたい」(p57)「保護者の方が（中略）切実な思いをもっていらっしゃるから、それを面接でうかがうと本当に背筋が伸びます。そういう期待のなかで自分たちが仕事をさせていただいていることをひしひしと感じます」(p53) という言葉に見て取れます。

　また、地域に根ざす園としてどんな園でありたいのか、そこには、子どもだけではなく保護者との関係、地域の人との関係にも思いは広がります。「困っている人を見つけて、手を差し伸べるのが地域福祉の基本」(p33)「(夢は) 安心してお母さん同士が子育てを共有できるような、地域で共同養育ができる場を提供すること」(p23)「(園が地域コミュニテイや子どものための生態系となり、子どもが育ちやすく、子育てもしやすいような) 地域の子育てのビオトープとしての役割を」(p29)「『先生らしい幼稚園になりましたね』『ここになくてはならない、これをつぶしちゃいけないんだ』と思われる。そんな幼稚

園になっていたとすれば、リーダーシップがとれていると言えるかな」(p45)「家庭的な、皆の顔が見える関係の園が地域にちゃんとあること」(p65)。地域における自らの園の存続の意義や価値を見出すことが、ゆるぎない信念につながっています。

そして、そうした園で働く保育者に対して、最終的に園長が責任の主体となるという覚悟が伝わることで、保育者は安心し、信頼して働きがいを感じるようになるのだと思います。「私があなたを採用したわけだから、すべての責任は最後まで私がもつのであり、決して途中で放り投げることはないので、何をやってもかまわない」(p21)「保育者がやりたがったら、やらせてあげたいと思っていて、どうやってやろうかと知恵を使うのは任せています」(p27)「いろいろなタイプの子どもがいるから、のんびりした職員もいれば、慌てものの職員がいてもよい」(p35)「いろいろなことがあっても助けてくれる人はたくさんいるから大丈夫」(p59)「自分は完全じゃないからこそ、支えられたり支えたりという相互の関係が豊かになり、集団のつながりの中で育ち合う」(p67)。また、園長と保育者の関係に関しても、「(園長である)僕を見ながら保育をしてほしくないのです。子どもたちを中心に見ながら、というイメージがあるのです」(p69)「子どもを見ずに園長を見だしたら保育園は終わりだなと思っている」(p71)「(園長の資質で大事なことは)皆から好かれる。それが第一」(p73)。笑顔で子どもを見ている風景が浮かんできます。

そして、自園だけではなく、保育や幼児教育全体のあり方、地域でのあり方にもまた、責任を感じられています。「保育は文化活動。自園だけが良くなることを目的としません。社会が良くなるためには、自分たちがいいなと思う文化を他園にも伝えつつ、時には批判し、時には教えてもらったりする連携がとても大事」(p25)「勉強は、自園が良くなるためだけにするのではない」(p49)「仲間がいて、みんなと一緒に幼児教育をつくりあげ、高めていく(ことが大切)」(p49)。

それぞれが多様な視座から園のあり方を夢見ることで、子どもも伸びやかになり、保育者も安心して働けるようになるのではないでしょうか。併せてそれは、皆の心に火をつける発火装置にもなると思います。持論は1日にして成らず。言葉の裏にある重たい経験を感じることができます。

注：( )内は掲載ページです。下線のある園は、第3章に掲載しています。

Column 2

# 園長のぶつかった壁

　今回インタビューをさせていただいた園長先生方も初めから園長だったわけではなく、いろいろな苦労を乗り越えてこられています。そうした苦境を越えていく柔軟性、強靭さとしてのレジリエンスが園長先生のリーダーシップを形成し、また、他者への共感性を高めていく重要な経験だったのかもしれません。

　光明幼稚園の田中先生は、私立幼稚園ならではの苦労として、先代から園を受け継いで、園児が減っていく場面に直面した時、そこで園のあり方をいろいろと分析され、その中で自分が何を大事にするのかという哲学をつくっていかれています。

　きらきら星幼稚園の黒田先生は、若い時に自分自身の手で園をつくっていかれたからこその苦労と同時に、夢を語ることで新たな絆をつくっていかれています。同様に、認定こども園多夢の森の谷村先生は、保育経験がなく20代で先代から施設長を受け継ぎます。そして、福祉関係の多様な人々と出会い、人口減少地域で老人福祉施設も立ち上げながら、福祉の理念で地域を、と考えていかれています。

　また、全く保育とは違う領域から園長へという道をたどられた園長先生も、当初、当惑の中からご自分の保育の方針を見出し、築き上げていかれています。認定こども園龍雲寺学園バウデア学舎の木村先生は、外資系企業の会社員から先代を継いで園長になられ、希望に燃えて新たな保育を行おうとしたものの、前からいる職員がついてこず、「じゃあ、どうすればいいんですか？」と抵抗を受けておられます。その中で、いろいろな子どもや職員がいるのだから7割主義でと考え方を変え、そして、園長自身が多くの学びの機会を得て園に知識をもち帰ることで職員がついてこられるようになっています。野間自由幼稚園の吉久先生は出版社の編集者から園長先生になられました。だからこそ、職員の話をよく聴くこと、だれでも公平に扱うという前職で大事にされてきたことを園の中でも活かされています。同時に、保育は現状に流されやすいからこそ、少し距離をおいて見て「自分の保育に飽きてほしい」とメッセージを伝えながら、保育者自らがお互いを新しくしていけるような文化をつくってきておられます。同様に、あゆのこ保育園の町田先生は、企業から突如辞令によって園長へという歩みをされています。だからこそ「あなたの考えを聞かせて」と職員の声を聴く風土をつくり、自園にこだわるというより『保育所保育指針』に沿った保育こそ保育所保育の基準という考えをつくりだされています。

また、男性保育士が珍しかった時代に保育士資格をとられて保育の世界に入られた認定こども園こどものくにの佐藤先生は、これまでその園で行われてきた慣習に疑問をもち、その疑問を投げかけ、1つずつ職員と共に対応しながらより良い改革へとつなげていかれました。認定こども園保育の家しょうなんの塚本先生は、時間外保育を減らすために尽力すると、保護者から、前の園長は、やってくれたのに、といった不満をこぼされます。そのことで、当初は以前からいる職員からも抵抗があったことを語られました。
　改革をしようとする時、これらの園長先生は無茶をせず、保育者と共に学び合うことで同じ展望をもてるようにしながら、その抵抗感が次第に薄まるようにされています。同じ目標に一緒に向かっていく中で次第に変革が進んでいく姿を見ることができます。認定こども園あかみ幼稚園の中山先生も、先輩の園長先生から「変えるならゆっくり変えろ」と言われたこと、板橋富士見幼稚園の安見先生も、変えるならゆっくりと、それと同時に、それまでの園の良さをどのように補うのかを伝えることの大切さを指摘されています。単なるパッションだけではなく、論理、説得、共有があってこそ、園のイノベーションへとつながっていくのだと思われます。
　こうした、保育とは異なる業種から保育の世界へという個人的なキャリアに関係するものや、個人の意志による変革によって直面した壁ではなく、認定こども園という新たな制度への移行に伴って幼児教育の文化と保育の文化のぶつかり合いの中から、どのようにして新たな園文化を形成していくのかという経験をされてきた園長先生も数多くおられます。
　本書の中でも、認定こども園あかさかルンビニー園の王寺先生は幼保一体のルールづくりをしていくのに10年かかったと語られました。認定こども園ポプラの木の岡村先生は、幼稚園、保育所、それぞれが大事にしてきたものへお互いが思いを巡らし合う関係をゆっくりつくっていかれると同時に、園の中だけではなく自治体の支援を受けるなど、外部の力も借り、園を外部に開いていくことで、学び合いの場をつくりながら1つの展望をつくっていかれています。
　「ピンチをチャンスに」とはよく言われることですが、そのチャンスを活かすには、哲学をもち、腰を据えて園文化をつくることが大事だということを、インタビューから学ばせていただきました。

注：下線のある園は、第3章に掲載しています。

## Column 3 保育者の生涯キャリアを考えた職場体制づくり

　保育者の離職率の高さが言われます。その中で、インタビューさせてくださった園はどの園も、一人ひとりの保育者について、園で働く期間だけでなく、保育者のライフコースを尊重してキャリアを考え、長い目で見た職場体制づくりをされていたのも大きな特徴です。長期的に働くと当然賃金の昇給等もあり経営上は大変になるわけですが、使い捨てではなく、子どもの権利と同時に、保育者が育ち、学ぶ権利も尊重する姿勢が貫かれていました。

　光明幼稚園の田中先生は、それを"運命共同体"と言い、職員の幸せを語られます。認定こども園あかさかルンビニー園の王寺先生は、ご自身の子育ての経験も踏まえて、育休後も自分の仕事時間を選べるような勤務体制を工夫され、職員の子どもも皆で育てるという姿勢でおられます。静岡豊田幼稚園の宮下先生も、女性が働きやすい職場づくりとして、子どもが3歳になったら職場に戻れる体制を整えられています。武蔵野東第一・第二幼稚園の加藤先生が「おばあさんがいる幼稚園」を目指すと明確な言葉で表現され、職員の人たちのキャリアイメージを変えていかれています。また、認定こども園保育の家しょうなんの塚本先生は、暗黙の時間外労働をきちんと見直したり、ノンコンタクトタイムを勤務時間に取り入れたり、働き方の組み立て直しを考えられています。認定こども園多夢の森の谷村先生や、東保見こども園の福上先生のように、数多くの園を経営する法人では、職員全体のキャリアアップを複数ある園の中で考えていく体制を取っておられます。

　園長が保育者の専門性とキャリアをどのように考えているのかが、職場風土を決めていくのだと思います。今回紹介した園では、実際には、様々な事情からやむを得ず退職する人はいますが、園長先生が、多様な年代、性別の人が働きやすいようタイバーシティ（多様性）を保障されています。そうした保育者の多様性、包摂性を認めていく度量もまた、園長の力量であり、リーダーシップの表れと言えるのかもしれません。

注：下線のある園は、第3章に掲載しています。

# 第3章

# 人材育成の環境を整えるために、園長に求められること

園にとって人材育成は大切なこと。
園長インタビューを通して、
環境を整えるための工夫や取り組みを紹介します。

# Chapter 3 人材育成の環境を整えるための5つのポイント

学び続ける保育者像が園に活力を与え、子どもと共に保育を楽しむ保育者を生み出します。そのためのポイントをあえて5点に絞って考えてみたいと思います。

### 働きやすい勤務体制づくりのためのタイムマネジメント

安心してこの園で働き続けたいと思えるには、園長のパッションだけではなく、保育者の安心、安定、そして、物理的な働きやすい体制と、ノンコンタクトタイムと呼ばれるような、子どもの記録を書いたり、専門家として保育の振り返りに集中できたりする時間をどのように生み出すか、というタイムマネジメントが鍵になることがわかります。例えば、ICTでの効率化や体制づくり、短時間でも記録や研修等に集中できるための時間づくりの工夫などです。しかしその一方で、区切られた時間と同時に、時にはじっくりお茶などを飲みながら話を聴くためのゆったりとした時間をつくる。それらのいい塩梅が、人材育成のための環境基盤になると言えるでしょう。

### 皆で創造する機会によって参加意欲と知識を共有するナレッジマネジメント

園のコンセプトブックや保育の全体計画、教育課程など、園の皆が共有しておきたい内容は、園長や主任がつくって提示するのではなく、意識的に保育者、職員を巻き込みながら、皆で知識を共有できるようにされています。特定の人がもつことが大事な専門的な知識と、園の皆が共有することが必要な知識とを意識し、ナレッジマネジメントをされていると言えます。

### 保育者一人ひとりに学びと発表の機会を与える

あえて一人ひとりに負荷をかけたり、保護者への研究発表会の場を設けたり、自分

がもし園長だったら、と一人ひとりに発表させるなど、一人ひとりの自分の考えや経験を表現し他者に聴いてもらう機会を園内外の場に設けておられます。それによって対話が生まれ、その人の良さをほかの人にも認めてもらえたりすることにもなり、もっとやってみようという次への意欲を生み出すことにつながっています。

### ポイント4 園同士のネットワークをつくって皆で参観や学びの機会を園外にもつくる

園長先生が職員皆で、仲間の園長先生の園に参観に行く機会をつくったり、反対に、公開保育をして相手の園の職員に見に来てもらったり、また、合同研修の場をつくるといったように、園内での学びだけではなく、皆で観ることによって、学びの機会や新たな視座を職員に与えておられます。1人、または数人で研修に参加するのではなく、その場を皆で観ることで、園外であってもそれが園内研修の機能を果たします。それによって自園の良さや次の可能性を見出すこともできると言えるでしょう。

### ポイント5 子どもの姿や保育の見える化に夢中になる

どの園も、子どもの学びや育ちの経験の物語、園の保育の変化を保育者が見える化し共有できるよう、記録、振り返りの工夫をされています。デジタル化の時代だからこそ、デジタルカメラでの撮影や、手書きだけではないデジタルでの記録、そして、それらの掲示や通信などを行えば、それが保育者にとっても見える化され、学びの環境にもなります。保育そのものは、時間とともに消滅してしまいます。園ごとに学びの軌跡を見える化する方法はありますが、それによって、園のアイデンティティが形成される工夫をされています。

# Chapter 3

## 11 子どもの写真を介して保育者と会話し、働きやすい園をつくる

神奈川県・林間のぞみ幼稚園
園長　藤本吉伸 先生

学校法人林間のぞみ幼稚園
林間のぞみ幼稚園
園DATA
所在地：神奈川県相模原市南区東林間6-5-2
創設年：1956年
園児数：173名
職員数：20名

― リーダーの一言 ―

## 同じ地平に立って一緒に悩む人、一緒に考える人でありたい

　私がその保育に魅せられ、10年近く園内研修に参加させていただいていた藤本園長先生にお話をうかがいました。

　2代目園長として、最初園にお手伝いで入った時に「ハプニングが起こらないお決まりのことをくり返すことが多い保育内容」と感じられたとのこと。2年間の担任経験や他園での保育者経験の後自園に戻り、子どもから絶えず学ぶ園文化への変革に挑戦してこられました。

　園長15年目頃から、園の保育者たちに信頼して保育を任せられるようになったと語ってくださいました。

### 「先生方の便利屋さん」から「写真を撮る人」に

　当初は「現場のことを知らないのに首を突っ込んでほしくない。偉そうなことを言ってほしくない」と保育者に思われたくないと感じ、大工仕事でも展示の手伝いでもな んでもしながら、保育者と同じ地平に立ち、同じことを学ぶことで、受け入れてもらえたようだと語られています。

　いつも迷惑がられず現場にいるための方法として、子どもの写真を撮ることを介して、子どもや保育者と一対一の会話をするのだそうです。「教育というのは、内容とか、技術とか、方法じゃなくて、だれに出会ったか、どんな出会いがあったかによって決まる。だから、同じ地平に立って一緒に悩む人、一緒に考える人でありたい。私が保育者のほうに出かけていって、『今日見ていたら、こんなことがあったけど、こんなふうに考えてみたらどうだろうか。こんなことをやってみたら』と言う」と話されます。

### 働きやすい職場のための4つの工夫

　働きやすい園になるためには雰囲気の良さが大事。そのために、4つのことに努め

子どもたちが企画し、内緒で担任の誕生会を開く

てこられたそうです。

　第1は「わくわくしながら働けるよう、子どもっておもしろい、不思議ということを一緒に見つけようと職員に伝えること」。

　第2は「誇りをもって働いてもらえるよう励ますこと」です。時折、園長先生から「私が見つけたA先生のすてきなところ」を書いたカード（手紙）が贈られ、みんなに喜ばれているそうです。

　第3は「子どもと向き合う時がいちばんいい時間になるよう、その時間を確保するためにほかの仕事をスリム化すること」。職員会や学年会の定例会をなくし、必要な時のみ実施。保育記録も自由にしてシンプルにされています。入園式も一堂に会して行うのはやめ、園長先生が新入園児の各クラスを訪ね、5分間、手品とお話をして終わり。あとは、保育者たちが子どもと丁寧に出会える工夫を考えているのもこの表れです。園は安心して過ごせる場所だと初日から子どもに感じてほしいと願っているとのこと。「『担任の先生が大好き』と子どもたちに言ってもらえるようにするのが園長の最大の役割」と言われます。

　そして第4は「保育者が自分たちで決めていい部分を多くすること」です。園長は問いかけるが、どうするかを決めるのは保育者です。この4点が保育者が継続して働き続け、成長していく風土を育んでいます。

## 職場を「納豆集団」に

　大場牧夫先生の言葉を引用し、園やクラスを「豆腐集団」ではなく「納豆集団」にと言われます。粒が見えなくなり、きれいに形よく収まっている四角の豆腐みたいな集団ではなく、納豆みたいに1粒1粒が粘りをもっていて、つながり合って、全体は1つの塊になっているのが理想。一人ひとりの個性がそのまま残り、お互いに尊敬し寛容の心をもつ集団というビジョンが園の保育者にも伝わり、分かちもたれ、職場としてだけではなく、園の子どもたちに対する保育観にもなっているのがわかります。

　「『先生らしい幼稚園になりましたね』『ここになくてはならない、これをつぶしちゃいけないんだ』と思われる。そんな幼稚園になっていたとすれば、リーダーシップがとれていると言えるかな」と話されます。

　園の理想を若い頃から打ち出し、時間をかけて園長先生も職員も双方が学び合っている、感じ合える風土づくりをしてこられたところにリーダーシップがあると感じたインタビューでした。

# Chapter 3
## 12 保育の専門家である職員の声を聴く

静岡県・野間自由幼稚園
園長　吉久知延 先生

一般財団法人野間文化財団
野間自由幼稚園
**園DATA**
所在地：静岡県伊東市竹の内1-3-57
創設年：1948年
園児数：105名（2歳児保育18名を除く）
職員数：12名

――リーダーの一言――

## 今の保育がベストかどうか、常に自問する姿勢が大事

　（公財）野間教育研究所の所長であると同時に、野間自由幼稚園の園長でもある吉久先生。私立幼稚園の場合は、代々跡を受け継いで園長になられるケースや、他園での園長経験を踏まえて別の園で、ということが多い。これに対し、先生は、講談社で主に雑誌編集をやっておられた編集者から園長へという経歴をおもちです。どのように園長としての役割を捉え、リーダーシップを発揮しておられるのかをうかがいました。

### 聴くことに徹し、職員を公平に扱う

　「幼児教育の専門の教育を受けていないので、それは自覚していないとならない。素人がどこかで見てきたようなことを横から言うのって、とても現場が混乱することだと思うので、それは絶対言っちゃいけない。知ったかぶりをして保育に口を出さない」ということを意識されてきたそうです。

　といっても、その保育の専門家である職員たちが自由に行動できるように、いわゆる職員会議の場だけではなく、様々なところでコミュニケーションを密にとることを心がけてこられました。そのための園長の役割として、まず、聴くこと。そして、職員と公平に接すること。これは「たとえて言うなら、どこかへ行ってお土産を買ってくる時に、全員に同じものを買ってくるというようなスタンス」だと言われます。

　昔、少女漫画の担当者であった頃、6、7人いた漫画家同士がお互いに連絡を取り合うなかで、「今度の担当さんから、こんなものをもらったんだけど、あなたももらった？」「私は違うものをもらった」といったようなことがあり、この苦い経験から学ばれたそうです。

　職場内での気持ち良い風土づくりのための対等性・公平性は、園にも企業にも通用するのだと園長先生のお話から感じました。

安藤忠雄氏設計の園舎。敷地は約6,000坪。
芝生の園庭で子どもたちが走り回っている

　また、子どもの名前を必死になって覚えるというところは一般の企業とは違うところだと言われますが、それをとても大事にされておられます。そこが子どもや保護者の信頼を得るための始まりになると考えておられるからです。

　そして、園長室に居ることが多かったのが、今では子どもたちに呼ばれて保育室や園庭に出られることも増えたそうです。「『園長先生と遊ぶのがいちばん楽しかった』と園児が言っていたなどと後で耳にしたりすると、心からうれしくなりますね」。

　自由保育といっても、子どもたちにとって、集団と個の関係がいちばん最初に身に付いていくところなので、そこを保護者にどのようにしてわかってもらうのかもまた、園長の役まわりだと言われます。

## 自分の保育に飽きてほしい

　職員会議の初めに、園長先生がいろいろなメッセージを語られるそうです。そのなかでいつも言われるのは「自分の保育に飽きてほしい。今の保育がベストかどうか、いつも問い正してほしい。もっと工夫があるんじゃないか？ 常に、新しいやり方はないか？ こうしたらどうだろう？ という動きをしてほしい」と伝えられているそうです。

　「保育は、日々の忙しさから現状に流されがちだという面はあるにせよ、答えが1つということではないので、自分なりのアイデアなど、おもしろい考えをもってほしいです。保育者も園児と同様に成長しないといけないですから」と語られます。

## 研修を自分たちで選んで
## 得意を活かすように

　野間自由幼稚園という名のように、子どもたちがのびのびと主体的にという保育を大事にしておられるからこそ、先生たちにも主体性を重視されています。そのため、基本的には、主任先生を信頼して保育を任せるとともに、先生たちが受けたい研修を選んで受けてもらえるようにするなど、研修の機会の充実も保障するようにしています。

　職員が個人の時間も大事にでき、それぞれの得意なことをさらに保育にもつなげていけるようにということを大事にされています。それが、子ども、保育者、それぞれの良さを活かす保育につながるのだというメッセージを、今回のインタビューで感じさせてもらいました。

# Chapter 3 - 13
## 朝の園内研修と他園との研修で学び合い、伝えられる保育者を育てる

青森県・千葉幼稚園
園長　岡本潤子 先生

学校法人千葉学園
千葉幼稚園
**園DATA**
所在地：青森県八戸市田向2-2-5
創設年：1954年
園児数：160名
職員数：19名

> リーダーの一言

## 何か負荷をかけないと人間って大きくなれない

　青森県八戸市で明治時代から続いている学校法人が1954年に創設した園で、お祖母さま、お母さまを継ぎ3代目園長になられました。大学卒業後、国会議員秘書、高校国語科教諭等をご経験後、園長補佐、副園長、そして園長へ、という経歴をおもちです。

### 私立学校の使命を果たす

　「私学は、保護者の方からいただいた教育費で運営していることや、私学教育の意義、曾祖母である創設者の思いあって創った学校であること」を先代の時代からくり返し聴かされ、幼児教育は教科書がない学校であることの意義を共有してこられたベテランが多いと言われます。
　「これを削ったら千葉幼稚園ではなくなる」と誇りをもって仕事に当たられる良さと同時に、仕事のスリム化や時代に応じたスクラップアンドビルドの難しさもあると話してくださいました。
　園長先生は、だれとでもオープンに話し合い、皆で進めていくよう心がけていると言われます。「そうかな」「こうじゃないか」「私はこう思うのだけれど」と皆に聞こえるように大きめの声で話し、仕事は職員室の子どもたちの声も教員の声も電話も聞こえる場所でするよう心がけられています。

### 研修は朝行う

　朝礼の時に、教育方針や経営理念を教員全員で唱和されます。言葉に出すことによってわからないなりにも意識する、例えば「遊びは学びを日々の生活の中で実践し」という教育方針から、「本当に遊んでいるかな」と自分たちで振り返ることをされています。
　研修は朝の時間、8時10分から30分くらい。全体朝礼は月曜日と金曜日、火曜日は学年主任、水、木曜日は週案やテーマ別に、

園内研修は積み重ね。朝研修のひとコマ

自分たちが考えていることをグループで一緒に話し合っています。

また、「何か負荷をかけないと人間って大きくなれない」「チャンスを逃さない」ということを意識し、教員が様々な場で発表をする機会をつくっておられます。今年からは、マップ型記録を採用されました。

そして、保護者や地域の方にも園の教育活動を伝えるために、玄関にあった掲示板をやめ、ホワイトボードにして、1週間に1回、園長先生も教員もそこに記録を書くようにしました。

保護者の方たちもクラス便りだとクラスのことしかわからないけれど、ボードに書くことで園全体のことがわかります。特に、小さい組からの育ちがわかるような取り組みをされています。

## 仲間の園と共に学び合う

他園の園長先生から、「勉強は、自園が良くなるためだけにするのではない」こと、「仲間がいて、みんなと一緒に幼児教育をつくりあげ、高めていく」ことの大切さを学ばれたと言われます。

そこで、教員の園内研修なども自分たちだけでやっていてはダメなのではないかと考え、自園でコツコツと行う一方、昨年度からメンター制度を導入したり、他県の園の先生たちと一緒に勉強したりすることも始められました。

具体的には、千葉幼稚園のメンターの方や副園長が福島めばえ幼稚園に行って一緒に勉強したり、また、めばえ幼稚園の副園長先生に来ていただいたりなどの交流をされています。「園内研修を自分たちだけで行っていると、視野が狭くなってしまうので、そうならないための何か良い方法はないのかなと考えて」と話してくださいました。いろいろな園を見て新鮮に思ってくれたらいいなと園長先生は願っておられます。

園の中がつながり合う同僚性とともに、他園とも継続的、定期的につながって学び合うネットワークづくりを始められたようです。他園の園長先生からも学ぶことのできる学び上手な園長先生は、教員に対しても開かれた学びの場をつくることで、園の伝統を受け継ぎつつも、新たなイノベーションを目指して歩んでおられることが伝わってくるインタビューでした。

# Chapter 3

## 14 自主性を認めて信じることで、研究し学び続ける保育者が育つ

静岡県・静岡豊田幼稚園
園長　宮下友美惠 先生

学校法人静岡豊田学園
静岡豊田幼稚園
園DATA
所在地：静岡県静岡市駿河区曲金 2-5-21
創設年：1950 年
園児数：168 名
職員数：19 名

### リーダーの一言

## 園でいちばん楽しそうに研究する園長先生の姿に、皆が共感

　元小学校教員のお祖母さまが、幼児教育のためにと 68 年前に園を創設されました。宮下先生は、3 代目の園長先生です。「友だちに美しく恵まれるように」との願いから名付けられたそうで、まさに園長になることを運命づけられていたかのようです。

　園長として働くお母さまの姿を園児として見ながら幼児期を過ごされ、園で 12 年間担任をされた後、園長になられました。

### 自分たちの手で課題を探究、解決

　創設の理念は受け継ぎつつも、時代により研修等の仕方を変えてこられました。「以前は大学の先生に助言してもらって学ぶことが多かったのですが、今は自分たちで課題を見つけて、自分たちで解決していくようになりました。もちろん外部から助言はいただくのですが、皆で話し合っていくことが多くなってきています」と語られる。

そのためにも、皆で掃除をしながら、ちょっと集まって話をしたり、学年で集まって振り返りをしたりと、思いを伝え合うことを大事にされています。

　園長としての歩みを振り返り、「若い時は、自分が引っ張っていかなくてはという思いがやはりありました。しかし、1 人ではできないことがたくさんあり、皆さんにいろいろな場で力をいただいてやっていくのが幼児教育の中では大事なのかなと、園の先生たちから学ぶようになりました」と言われます。

　また、先代の園長であるお母さまは、「先生の自主性を認めて細かいことは言いませんでした。もちろん子ども第一。先生たち、子どもたちを信じるという筋が通っていました。教育方法も手取り足取りではなく、それぞれの先生のやり方でよいとしていました」とのこと。これは今も受け継がれています。

皆で話し合うことが新たな発見につながる

## 生涯働きやすい勤務体制づくり

　ご自身の子育ての経験からも、男女共に働きやすい職場づくりをされています。

　例えば、幼稚園の先生のなかには、0・1・2歳は自分で子育てしたいと思う先生がいます。そこで、1度仕事を離れても子どもが3歳になったら戻れるように、朝一緒に登園し、保育が終わると一緒に降園できるパート体制をつくり、ある程度子育てが終わって手が離れるようになったら、本格的に復帰できる体制をお母さまの代に整えました。

　自分の職場を誇りに思う保育者が、自分の子どもを自園に入れたいと思った時にそれが可能になるような働き方ができるのです。子どもを産んで育てることで、先生としての深みや幅が出て「良い先生になっていく」ための体制を保障されています。

　また、良き聞き役として、相談に乗りやすいと感じてもらえるよう心がけておられます。「いつでも相談に乗るよと伝えているので、先生たちが時間をつくっては『園長先生いいですか？』と、園長室に入って来て話すことがあります」と言われます。

　なお、預かり保育をその専任の先生にお願いすることで、研修や研究の時間を保障しておられます。

## 園長先生が研究を楽しむ

　これまで多くの研究指定や共同研究などを引き受けてこられた園ですが、その秘訣は、園長先生が夢を語り、楽しんで研究をされる姿を園の皆に見せてこられたことです。

　園長先生は、保育の中で発見する楽しみを大切にされ、今は、写真などを活用しながら保育者、保護者が共に探究し、育ちを楽しむことを大事にされています。皆、いちばん研究を楽しそうにしているのが園長先生だと感じているので、「園長が言うなら」とついてこられるのです。

　園では、「一人ひとりの子どもが周りの人とかかわりながら、その子らしく輝いていけるように。そして共に生きる喜びを味わえるように」と願って保育をしていらっしゃるそうです。この園の卒園生であることを誇りに思ってもらえるような園であり続けることを目指されています。

　園長先生自身が園の皆と共に研究を楽しむことで、その楽しみを共有する園風土が生まれることを実感したインタビューでした。

# Chapter 3 -15

# 保育者の研究力の向上と、保育者が長く働き続けられる園づくり

東京都・
武蔵野東第一・
第二幼稚園
園長
加藤篤彦 先生

学校法人武蔵野東学園
武蔵野東第一・第二幼稚園
園DATA
所在地：東京都武蔵野市関前 3-29-8（武蔵野東第一幼稚園）
　　　　東京都武蔵野市関前 3-37-10（武蔵野東第二幼稚園）
創設年：1964 年（認可）
園児数：566 名（2 園として）
職員数：58 名（2 園として）

――― リーダーの一言 ―――

## 園長に必要なのは「パッション」

　加藤先生が、武蔵野東小学校の教員として勤務を始めた頃は、幼稚園や小学校で受け入れてきた多くの自閉症児の成長に伴って、学園が中学校、高等専修学校、ボストン東スクールと拡大していく時期でした。その流れの中で、創立者で園長の北原キヨ先生の意向で、同法人の幼稚園の主任になられたという経歴をおもちです。

　大学生の頃に学んだ「教育者は（教育）バカになれ」という言葉に惹かれ、夢を追うことのほうが何よりも大事だと考え、園の勤務を引き受けられました。30 歳代初めには既に主任に、そして、北原先生の逝去とともに北原先生に代わって仕事をされるようになり、その後、副園長、園長になられました。様々な研究会に出ていかれ、団体の委員なども引き受けながら幼児教育を学ばれました。

　現在、学園で 3 割、園で 1 割、自閉症のお子さんを受け入れています。

### 「おばあさんがいる幼稚園」を目指す

　多様な年齢層、様々な経験をもった人々が、男女共に長く働き続けられる園という意味合いで、若い頃から「おばあさんがいる幼稚園」を目指し、体制づくりをされています。

　学園には、早い段階から企業内託児所がありました。寿退職が多かった時代、結婚をしたら仕事ができないと思っていた人たちがキャリアイメージをもてるようにし、例えば、妊娠時、「迷惑をかけるから辞める」という方に「そういう人がいることが幼稚園環境には大事だ」とし「身重であっても、保育をして大丈夫。それを保護者たちもサポートしてくださる」と伝えていかれました。

　そして、「今回は私が支える。自分が復帰した時には、皆さんがサポーターとして支えてくれる」という意識が園文化となり、今では職員の平均勤続年数が 16 年になりました。

混合保育（インクルーシブ保育）の実践で育つ園児

「おばあさんがいる幼稚園」になるために「みんな一緒に育ち合っていく仲間集団を形成していきます」と言われます。

持続可能な園運営を心がけておられます。

## 先生たちの研究発表会

「キャリアを積むなら、それにふさわしいことができなければ意味がない」との考えから、子どもたちの発表会から着想を得て、毎年先生たちから保護者に向けた研究発表会を行っています。学年間の異動を考慮し、研究は単年度で行い、年度初めからすぐに研究に取り組めるように工夫をしています。研修と研究は一体であるとの考えから、1年間行ってきたことを保護者たちに還元し、その子どもたちの育ちの姿を基に保育を語られます。

また、保育者に向け、創設者の北原先生にならい、教育重点を前年度の終わりに宣言し、皆で具体的なイメージを共有しながら保育に取り組んでおられます。

その一方で、園長先生自身、文部科学省の委託研究や公開保育など外部に園を開く役割を引き受けられています。研究の種をまくことで保育者たちの研究力も高まっていきます。

年数を重ね、保育がより深まっていくこととを期待されているそうです。

## パッションをもってしかける

園長に必要なのは「パッション」だと言われる加藤先生。「特に自閉症児教育の場合では、保護者の方が大変な思いをして、日本中から当園にいらっしゃいます。切実な思いをもっていらっしゃるから、それを面接でうかがうと本当に背筋が伸びます。そういう期待の中で自分たちが仕事をさせていただいていることをひしひしと感じます。そのような園の独自性もあり、保育に対しても保護者の方が積極的に協力してくださいます。ピュアなエネルギーに溢れた学園です」と語られます。建学の精神を理解した多様な人々が職場として選び、働く園なのです。

加藤先生は、園長は、幼児教育の深さを理解し、その実践を見える化して、様々な方に発信する仕組みをつくるのが仕事だと言われます。

また、クラスごとの違いを比較してしまいがちな保護者の目に対しては、違いを理解してもらいながら、保育者の独自性を守りつつ、それぞれのクラスがそれぞれの物語をつくれるような園づくりを目指されています。

# Chapter 3

## 16 保育者が主体的にアイデアを生み、育ち合う園づくり

神奈川県・あゆのこ保育園
理事・顧問
町田和子 先生

社会福祉法人湘北福祉会
あゆのこ保育園

**園DATA**
所在地：神奈川県厚木市恩名1-10-38
創設年：2005年
園児数：定員：120名
　　　　実員：141名
職員数：42名

---

**リーダーの一言**

## 園を、保育者が育ち合い、積極的に提案できる場に

　就職した企業、ソニー株式会社で配属された部署が、幼児教育にかかわる教材作りや教室事業を行う部署。10年程前、その関連から新たに認可保育所がつくられることになり、突如抜擢され、思いがけず園長になられた町田先生。

　従来の保育園とは違った新たな園をつくってほしいと上司に言われ、2年間必死に社会福祉の勉強をされました。

　創設当初2年間だけは、公立で働いてこられた園長先生が初代園長になられ、町田先生が副園長に。その後、園長として11年勤務され、2018年から法人の理事・顧問になりました。

### 保育者が主体的にアイデアを出しやすい風土形成

　保育について何も知らない園長がぱっと入ったことになり、当初ことあるごとに、「園長はどうお考えですか？」とベテラン保育者に聞かれ「あの園長で大丈夫？」と思われているだろうなと感じられたそうです。「これから新しく園をつくるんだから、みんなで考えようよ。あなたはどう思うの？」と必ず問い返して、「あなたの考えを聞かせて。もし、いいアイデアがあったらやってみようよ」と、ひたすらこの姿勢を通してこられたそうです。

　「仕事は自分で見つけろ」「言い出しっぺがやる」「新人であっても、会議に出たら必ず自分の意見を言う」という企業で育ち、自分で考えてやるほうが楽しいという経験から、園の保育者たちも主体的に様々なアイデアを生み出す園の風土を形成してきたと語られます。

### 「『指針』に沿った保育」を目標に全員のベクトルを合わせる

　「せっかくなら日本一の園を目指してほしい」と着任時に上司に言われ、園長としても

保育実践と『保育所保育指針』をつなげる語り合い

志は立てたものの何がいちばん良い保育なのかはイメージがわかない。そこで外部指導助言者である先生に相談したところ、「それは、『保育所保育指針』（以下、『指針』）に沿って、丁寧に実践している園よ」と言われ、そこからひたすら『指針』を読まれたそうです。今も園内研修時、全員が『指針』を持って参加しているのは、ここに原点があります。

設立当初はいろいろな園から職員が集まり、考え方も様々だったが、あゆのこ保育園としての保育を確立していくために、まず、よりどころとして『指針』を置き、そこをみんなで確認したうえで、「あゆのこらしさ」を出していくことを目指されてきました。あとは、自由に考えよう、それこそ、ひらめきでも何でもいいから言ってみてと、かかわられたそうです。非常に抽象的に書かれている『指針』の内容を具体的に保育に結びつけるには、どうやって考えればいいんだろうと探究されました。その中で、第三者評価には、基本的な日々の確認、ちゃんと『指針』のとおりに保育が実践できているかというようなチェック機能があると考え、そのような評価ができる機関を選んで受審し、確証を得ていかれました。

## 保育者同士が学び合い、育ち合える環境づくりを大切に

手書き書類は効率化のためにＩＣＴ化し、書類を毎年更新していくなかでより良い方法を目指していかれました。事務的な体制整備を進める一方で、実践指導は園内で上の職員が下の職員を育てていく形を意識的にとられています。皆が意欲をもって自分の役割分担を意識し、職員が育ち合うことや新たな提案を積極的にしていきたくなる場づくりをされています。

例えば、保育者側から、複数担任の３歳未満児クラスと、１人担任の３歳以上児クラスでの「パートナークラスづくり」の提案がされ、事務作業の時間が取れない時などにはパートナークラスにヘルプをお願いするなどの協働の方法を考えたり、また２、３歳児クラスの連携が大事との意見が出れば、新たに「２、３歳児クラス会議」を開くなどしています。

保育者をバックアップするために、各々が自分の目指す専門性を身に付けられる職員育成計画や、各々の頑張りが評価される人事制度の構築が進められています。職員の新たな提案を積極的に活かす柔軟さが職員一人ひとりの強みを活かした園づくりにつながり、そしてそれが、育ち合うコミュニティを目指すことにつながると学んだインタビューでした。

# Chapter 3

## 17 保育者とのもちつもたれつの関係が主体性を育てる

静岡県・たかくさ保育園
園長　村松幹子 先生

社会福祉法人東益津福祉会
たかくさ保育園
**園DATA**
所在地：静岡県焼津市坂本449-2
創設年：1978年
園児数：99名
職員数：31名

――― リーダーの一言 ―――

## 保育者にも「主体的になってほしい」

大学生の頃にお父さまが保育所を設立されたことを契機に保育の道に。その後、保育者を経験、園長になられて20年余りになります。

### 「子どもが選び取っていく保育をしたい」

「私のところではこういう保育をしています、と言いたかったけれど、園長になったばかりの頃にはその言葉がなかった」と村松先生。そこで、まず、園環境について様々な工夫をし、見学に来られた方たちに、ここはこういう意図で環境をつくっている、こういう意図で保育者が動いている、と説明をし始めました。それがきっかけで、園の保育を説明する言葉が生まれていったと語られます。

また、「外の研修会等で話を聞いてきておもしろいと感じたら、園長になる前から自分でコーナーをつくってみたり、あるもので やってみたり」されていたそうです。園長になって職員と立ち話をする際などそれまで行ってきたことをこまめに話し、共有しながら保育を進めてきたそうです。

### 毎日の「エピソード」記述と園長コメント

保育者が、毎日、自分の心が動いたところを書く「エピソード」と、明日への展望を書く「考察」に長年、園長先生がコメントをつけられています。「『私はこういうふうに思う』とか、『この先、この子はいったいどういうふうに思うのかな?』というようなコメントを入れるようにしています。その先の子どもの気持ちまでちゃんと考えられるように、というアプローチ」です。記述の時間は業務時間中に確保します。そのための人員配置は主任先生と一緒に考えながら行います。すべてを保育者に任せるのではなく、園長先生が時間を生み出す努力

主体的に配膳の手伝いができるように写真を置く工夫

をしてきたからこそうまくまわるシステムと言えます。また研修も、時間外手当を支払いながら、常勤の保育者が全員出席できるようなシフトを組み、毎月行っています。

## 職員も主体的にものが言える園に

子どもたちに主体性を求める保育をするには、まずは保育者自身が職員会議等で発言できるよう「主体的になってほしい」と願っておられます。

保育者たちにも声をあげて、要求をどんどん出してもらう。リーダーシップとは、園長の独りよがりなものでも、管理的な立場の者たちが引っ張り上げるものでもない。「お互い、もちつもたれつの関係、双方向性がないと園内の雰囲気は育たない」と言われます。また、自身も話が聴ける園長になりたいと、園長になられてから産業カウンセラーの研修を受け、カウンセリングマインドを学んだと話してくださいました。

そして、園には子どもと一緒にPDCAがまわるシステムができあがっています。「保育で努力をすると、子どもはそれに応えてくれ、必ず育ちます。そうすると、私たちもそれを励みに保育を見直していく」ので

す。また、「こういうふうに思うよ」「こうしたらどう？」といった園長や主任からの提案を保育者が実践し、その結果が職員会議で報告され、会議の様子が担任のメモを通じて園の全員に共有されるというシステムと書式も作られました。ヒヤリハットや連絡ノートに書かれた保護者からの小さな要望もすべて、保育者たちが持ち寄って職員室で共有します。

例えば、汚れたものを大人が洗って袋に入れると入れ間違うこともあるけれど、ゆすいだものを「自分の袋に入れておいで」と渡せば、子どもは必ず自分の袋に入れる。保護者に「こうしました」と伝えるだけではなく、子どもの力を育てることにつなげて解決していくよう意識されています。

この先の子どもの人生を見通した時、社会で生きる力を育むのが保育の仕事だとお考えです。「将来、社会に出て活躍し、立派な納税者になってもらいたい」と、育つ姿を具体的にイメージしながら語ってくださいました。

具体的なビジョンを、前向きに熱く語られる園長先生だからこそ、皆が一体になって保育ができると感じたインタビューでした。

# Chapter 3

18

# 職員同士が学び合い、職員と園長が話し合える園をつくる

神奈川県・つぼみ保育園
三﨑たずゑ 先生（元園長）*

社会福祉法人唐池学園
つぼみ保育園
園DATA
所在地：神奈川県綾瀬市深谷中5-20-48
創設年：1967年
園児数：110名
職員数：29名

＊園名は『保育ナビ』掲載当時のご所属です。

―― リーダーの一言 ――

## 「福祉」の中で生きていることを、職員も絶対に忘れてほしくない

　同園に保育士として勤め、主任を任され、2005年に園長となり10年以上が経ちました。その頃の同僚が、園を辞めた現在でも支えてくれることで、園を運営できていると言われます。長い時間をかけ、人の環をつくってこられました。

### 「福祉」の意識を常にもち続け、聴き合い、支え合う関係をつくる

　園長になった時にいちばん意識されたのは、「1人では絶対に何もできない。皆でやっているのだ」ということ。「『福祉』の中で生きていることを、職員も絶対に忘れてほしくない」と言われます。
　園はピラミッド型の組織ですが、上から下への指示だけにならないよう心がけられています。主任には、「主任を支えてくれるのはその下の中堅。主任が園長と下から押される以上に、中堅は上下から押されて大変だ」と話されるそうです。そして、「若手の職員たちは、教えてもらったことをちゃんと実行する体力が必要。経験を積み、そのうち知識で勝負するようになってほしい。そうすれば人はついてくる」。1年目の職員には「2年目の職員に聞きなさい」。2年目の職員には「1年目の職員に教えるために3年目の職員に聞きなさい」。3年目の職員ともなると、役割も増えてわからなくなることが多くなるので勉強をする。後は3年目、4年目、5年目と順にくり返されていくと言われます。
　「自分のわからないことは上に聞けばよい。上の人は下の人がちゃんとしてくれれば、自分たちも楽になる」とお考えです。

### 「自分が園長だったら」やりたいことを皆が書く

　今年の園のテーマは「聴くこと」。テーマは毎年1月に決め、職員に話した後、3月に保護者に話します。園長の言葉を一人ひ

卒園児の同窓会、二世も保育園児。皆に支えられている

とりが自分なりにかみ砕き、考え、取り組むことを大事にされています。

そこで毎年、若い職員も含めて、1年の振り返りとともに自分は翌年何をしたいのか、自分がもし園長になったら何をしたいかを書いてもらうそうです。これは、三﨑先生が園長になられた時、職員の気持ちも受け取り、自分の思いも訴えたいと思われたことから始まりました。すると、職員の側から、「自分たちが書くだけでなく、園長先生からも一人ひとりに言葉がほしい」と要望があり、全職員にその1年間でその職員の良かったところは何か、書いて伝えるようになりました。

そこでは「負」の反省ではなく、1年を振り返りながら楽しかったことを書きます。それによって年々職員の雰囲気も良くなり、質も変わってきていると言われます。

### お茶を出すことで語りの場をつくる

園長と主任の時でのいちばんの変化は、仕事が終わってからお茶を出すようになったこと。「今日はお腹がすいているから、何を飲む？」といった誘い文句で、1人が2人に、そして、3人、4人と集まりだします。園長は自身の仕事をしながら職員たちの話に耳を傾けます。取りとめのない会話の中では、家庭のことやその人ならではのことなどが話題になります。同僚のことも知ることができ、「職員にとっても楽しい時間なのかな」と言われます。そして、仕事の終わりに話したそうに残っている職員がいれば話をするようにもされ、園の雰囲気がより明るくなったとも言われます。

また、時には、迎えに来た保護者にお茶をいれることもあるそうで、卒園児の保護者の方が話しに来ることもあります。こうして、温かな雰囲気がつくられていきます。

これからの園長には、「保育士としての誇り」「自分自身を信頼して保育をしていく姿勢」「何をしたいかをはっきりと考えていくこと」が大切になると言われます。

そして、何より伝えたいのは、「いろいろなことがあっても助けてくれる人はたくさんいるから大丈夫」ということ。自身の保育士としての経験が園を支える誇りになっていることを感じるお話でした。

# Chapter 3

19

# 同じ立場で語り合い学び合える、保育士の居場所をつくる

福岡県・砂山保育園
副園長　上村初美 先生

社会福祉法人二葉会
砂山保育園
園DATA
所在地：福岡県中間市大字垣生字下大隈田1535
創設年：1979年
園児数：定員160名
職員数：27名

――― リーダーの一言 ―――

## 保育士には、自分が発揮できることをしてもらいたい

　上村先生は全国保育士会の会長であり、全国の保育士のための仕事に尽力されるリーダーです。また勤務先はご実家の保育園で、ご本人は副園長として園における保育を束ねる仕事を担っておられます。過去に幼稚園教諭も4年経験された後、お母さまと共に園を立ち上げられ、それから主任、副園長として園の保育のリーダーとしての仕事をされてきました。

### 一人ひとりの保育士の居場所を大事にする

　子どもたちも自分の居場所が保育園にあると毎日楽しく通えるように、保育士にとっても職場での居場所が大事であり、一人ひとりの保育士を受け止めるようにされていると言われます。
　「どんな保育をしているの」と言われるよりも、自分の力を発揮できることをしてもらいたいと考えられ、具体的に保育分野の役割分担についても、年度の始めに自分は何の担当になりたいのかを自分で決める体制をとっておられます。「わらべ歌をやりたい」「絵本をやりたい」「環境についてやりたい」などと決めて、その人がその内容を紹介するリーダーになることで縦横の関係をつなぎ、だれもがリーダーとなっておられます。10年以上勤務している保育士は、外部講師になれるほどに力がつき、一人ひとりの保育士が誇りをもてるようになると言われます。その人が手を挙げた時に好きな担当分野を選んでいるからこそ、責任をもってやり遂げたり、さらにそれがうまくなり活かされる居場所ができています。

### 子どもに返してみる保育

　子どもへの言葉かけに迷う先生や保育に迷っている先生には、「全部子どもに返してごらん」と助言されるそうです。クラスの

保育カンファレンスの様子

運営の中で悩んだ時や例えば具体的に子ども同士けんかが生じた時も、「子どもに一度返してごらん」と言われるそうです。子どもに返してみることで、保育士が答えを出すのではなく、子どもが失敗してもその積み重ねで、考える子どもになり、次はどうしたらよいかと意欲をもつ子どもになるため、その環境整備をしてあげるのは保育士の役目と語られます。そしてそれが何気ない日々のあり方となり、保育士と子どもが一体になってきて、毎日が楽しい保育園生活になっていくと語られます。

## 一緒に保育を語れる保育カンファレンス

ご自身が幼稚園教諭をされた時に、研修で大学の教員と共に一緒に勉強する時間がありよかったという経験から、ご自身の園の園内研修に活かしておられます。また、保育者を外部研修にも積極的に送り出されています。多角的に保育を振り返る機会を得ることは、広い視野から自分の保育をもう1回見直すことにつながると考えるからです。

保育中の気づきがあった場面や何気ない様子をカメラやビデオで撮影され、園内研修の時に皆でそれを見るようにされています。ビデオを見て、皆が同じ目線で、1年目も2年目の保育士も、10年目でも20年目でも、保育での発見や気づきなど自分の思うことや悩みを出して、大学の先生と共に助言もいただきながら研修されています。副園長の上村先生ご自身も同じように参加されると言います。それによって、上下で押さえられるという関係はつくらないように、特定の人が絶対ということにはならないようされています。そのために具体的には、4～5人のグループを毎回無作為につくられていて、だれが発表するかということも無作為とし、毎回2人程度が話題提供者になる方法をとっておられます。話題提供者は、「ビデオを撮ってもらっていろいろな意見をもらえて得をしたという思いにしよう」と研修を進められています。

また上村先生の園では、高齢者福祉施設も隣接しているので、おじいちゃん、おばあちゃんたちと子どもたちが扉1枚で交流できる、その自然な交流のための関係をつくるために、わらべ歌を一緒に楽しむことや、誕生会や七夕祭りなど一緒にできる行事を大切にされています。それが地域性や園の独自性を活かすことにつながっていると言われます。

異なる施設が一緒にある中で、皆が責任を分かち合えるような居場所をつくり、園の独自の取り組みを一人ひとりが生み出しながら、皆が誇りをもてるような仕組みづくりに園一体となって取り組んでこられた足跡の中に、上村先生のリーダーシップがあると感じたインタビューでした。

# Chapter 3

## 20 職員と共に保育を豊かにするために常に疑問を投げかける

青森県・認定こども園
こどものくに
園長　佐藤秀樹 先生

社会福祉法人積善会
幼保連携型認定こども園
こどものくに

**園DATA**
所在地：青森県青森市千刈4-4-8
創設年：1961年（幼保連携型認定こども園としては、2015年）
園児数：61名
職員数：19名

### リーダーの一言

## 自らにも、また、保育者にも、常に疑問を投げかけて

　以前は青森市で保育園長、現在は幼保連携型認定こども園の園長で、併せて、全国保育協議会副会長として全国を飛びまわり、活躍されている佐藤先生にお話をうかがいました。

　誕生の年、お父さまは創設したばかりの幼稚園の理事長・園長をしておられましたが、8歳の時には保育園を立ち上げ、そこが自宅兼園という環境の中でご自身も育ったそうです。大学卒業の年に男性も保母資格が取れるようになり、それを機に試験で資格を取得、男性保育者になりました。もともと子どもと遊ぶのは大好きで「秀樹兄ちゃん」と呼ばれていたそうです。

### 保育課程を共に築き上げていく

　多様な人材と目的を同じくし、連携して保育をすることが大切で、保育課程を共に築き上げていくことで保育者の資質向上も図られていくと考えておられます。「子どもたちは、きっとこう育つ。育ってほしい」という思いや願いをもとに、月別の計画は主題と単元のような形で書かれています。

　4月のメインテーマは、「いつも元気、きっと元気」。いつも元気な子はいない。でも、保育者や保護者が「きっと元気でいてね」という思いをしっかりもつことで、園が、初めて出会った子どもたちの生活の場になっていく。その生活を豊かにするために具体的な計画を立てていく。6月は、「ゾウの時間、ネズミの時間」。子どもには子どもの時間があっていいし、保育者・保護者にも自分の大切な時間があっていい。子どもにとっての時間とは何か。

　これらに、園長の思いが詰まっています。それを保育者たちが語り合い、計画に落とし込んでいく。共通の目的があるからこそカンファレンスができ、すべての職員がそれぞれの立場で、目的を達成するためにす

べきことを考えます。「『こどものくに』というチームになれたらいいな」と考えておられます。

## 園という場の様々な疑問を提示しながら考えていく

保育者になった当時、疑問に感じたことがたくさんあったと言います。「なぜ、挨拶にメロディがつくの？『せぇんせ、おはようございます。みなぁさん、おはようございます♪』。両手をばたばた鳥みたいに羽ばたかせて、早番の時、だれもいなくて私１人なのに、『みなぁさん、おはようございます』と。私は『みな』って名前じゃないし、『みなさん』でもないし。朝、玄関先で挨拶したのに各部屋に入ればおはようの歌を歌うし、お迎えに来るまで帰れないのに、またまた明日♪って歌まで歌う」。これって変と思い、佐藤先生は、自分にも、職員にも疑問を投げかけてきました。

子どもが主体的に育つには、人的環境も含め、環境をどう構成するかがキーだと言われます。「自分自身を客観的に見る、もう１人の自分の存在は専門職として不可欠。以前、子どもたちのままごとに、保育者も入れてもらおうと『先生も入れて♪』って言った場面を見たことがある。子どもたちは『いいよ〜』って言ったけれど、そこから先の遊びはちっともおもしろくない。遊びを壊してしまったことに気がつかない。何より、自分自身を『先生』と称することに疑問をもたない。豊かな生活の場への道は、まだまだ遠いかな」と言われます。

## 人口減少地域での「合宿保育」や「子育て広場」

すでに公立園をすべて民間移譲した青森市。しかし、園に通う通わないを問わず、すべての子どもにとって保育は必要で、園は、子どもが育ち、大人が育ち合う場であることに変わりはありません。

佐藤先生の法人では、公立園の民間移譲を受け２園になり、相互に行き来する保育をされています。40年以上前から実施してきた「合宿保育」も一緒。保護者と離れて一緒に過ごす４泊５日。小集団しか経験していない子と、お互いが違う生活を知り合う経験もできます。

また、自園の乳幼児だけではなく、地域の子ども会の基地として地域に開き、「子育て広場」もつくっていかれており、それが、園の保育をも豊かにしているということを、お話をうかがって感じました。

# Chapter 3 ㉑ 保育者同士で学び合える体制は、園全体の主体性を伸ばす

大阪府・認定こども園
せんりひじり幼稚園・
ひじりにじいろ保育園
**園長　安達 譲 先生**

学校法人ひじり学園
幼保連携型認定こども園せんりひじり
幼稚園・ひじりにじいろ保育園

**園DATA**
所在地：大阪府豊中市新千里北町3-2-1
創設年：1964年
園児数：478名
職員数：108名

―― リーダーの一言 ――

## そして、子ども理解に行き着いた

　私立小学校の教師を13年間経験された後に、お祖父さまの代からの園を継がれ3代目園長に。2016年に50周年を迎えた園は、認定こども園になっています。

　園に入ったばかりの頃、「女の人ばかりで、研修に行っても男は自分だけみたいな状況が続きつらい日々を過ごしましたが、職員室を自分のクラスと思ってやってきた」と語られます。

### 皆で観て学び合うチームづくり

　園長になり、当たりさわりのない話で本音を言わない研修会に嫌気がさしていた頃、ある先輩の園長先生が「うちの研究会においで」と誘ってくださり、その研究会に参加するようになりました。その後、出会った先生方の園を見学させていただくようになり、それ以来、創立記念日や参観日の代休には、教職員の方と一緒に他園を観て、一緒に考えることを18年間続けています。また、2人担任制にして先輩（新任と組むことの多かったベテランは「チーム姉御」と呼ばれています）をモデルとして学ぶ体制づくりにも心を配っておられます。それは、1年目の人には、園長が「わからないことがあったら聞いてね」と言うよりも、「何がわからないかをわかっている」2年目、3年目の職員のほうが、サポートできることもあるという関係性もあるからです。

### 園のコンセプトブック作り

　10年ぐらい前から、入園説明会で保護者にきちんと園のコンセプトを説明し、同意書をいただいているそうです。契約社会のアメリカの園を見学して、けがやけんかなどのこともきちんと書いて、保護者に、園のコンセプトを理解してもらい、保育を理解してもらうようにしています。

園内研修では、考えを伝え合い学び合うことを大切に

## 外部講師と共に歩む

「園長のレベルが低いと、結局そこまでしか園は伸びず、それ以上の力をもつ保育者は園を出ていくか、反発するか」だと思い、一緒に学んでこられたそうです。以前は保育者が「どうかかわるか」を課題としていましたが、岡健先生（大妻女子大学）を講師として招いて園内研修を進められたことで、「『どうかかわるかの前に、どんな子なのか』というのが、研修のいちばんの合言葉」と考えられるようになりました。「子どもがこういう状態で、こんなふうに育ってほしい、こんな経験をしてほしいから、こんな環境や、こんなかかわりを」というように子どもの姿から保育を考えられるようになったと言われます。「一斉の色が強くて、保育者の思いを押しつけていると言われて。子どもが主体的に動ける環境をつくろうと一生懸命になっていたんです。けれども、その環境において、どんな時期に、そして、どんな経験をというと、結局、保育の計画の部分になって、その時期その時期の子どもの育ちをわかっていないとできない。そして、子ども理解に行き着いたんです」。

また、幼児教育実践学会での発表や公開保育などの機会を、自分たちを振り返るチャンスとして保育者たちの学びの場にされてきました。

## 1人1票の民主的な教員採用

園長、副園長、主任、学年主任を含めた十数人のグループで、皆等しく1票をもって新任教員の採用を決めていくユニークなシステムをとっています。採用の際には、「振り返る力のある人が伸びるし、自分をオープンにできる人がその後育つ」と語られます。

保育者と子どもの関係性と、園長と保育者の関係性は似てくる。だから、子どもの主体性を伸ばそうと思うと大変だけれど、保育者が主体性を発揮することが楽しいと感じられるようにすることを大事にされ、そして、子どもも保育者もご自身も、良い仲間をたくさんもてることを願っておられます。

「家庭的な、皆の顔が見える関係の園が地域にちゃんとあること」を目指して、他園の風土を学び続け、自園の風土をつくり出しておられるリーダーの姿を実感させていただきました。

# Chapter 3

## 22 自立した保育者として成長し、お互いに配慮し合える環境をつくる

福島県・認定こども園
ポプラの木
理事長　岡村 宣 先生

学校法人聖和学園
幼保連携型認定こども園
ポプラの木
[園DATA]
所在地：福島県西白河郡矢吹町本町142
創設年：1961年聖和幼稚園、2010年聖和保育園
　　　　（幼保連携型認定こども園ポプラの木開設）
園児数：130名
職員数：36名

― リーダーの一言 ―

## 保育者が1つになって力を発揮する保育を

　牧師でもある岡村先生の園長としての出発点は30歳から過ごした秋田県での20年間でした。戦時託児所から、認可制度の関係で幼・保別々の施設として歩みを重ねた場所で、子どもの育ちが1本に保障されていないことを感じる中から、最後の3年間は認定こども園に移行。その後福島県に移って8年。常に幼・保両方の施設がある場で、日本の認定こども園の歩みをリードしてこられました。

　「子どもの主体的な営み（遊び）を支える保育の質」は幼・保で共通とのお考えから、総合的な保育の質向上を目指しておられます。

### 「幼・保」で子ども集団が分断されない場所へ

　秋田県で、認定こども園制度開始とともに取り組まれた時、「私は幼稚園を選んだのにどうして保育園の子どもと一緒に過ごさなければならないのですか」との保護者の言葉に、その思いの強さを知らされたと言います。しかし、一緒に生活をしていくなかで、秋頃には「これでよかったんですよね。30人よりも90人のほうが豊かですよね」という保護者の声が……。「集団の中で響き合う営みこそが大事」との思いを強くしたそうです。

　一方、認定こども園の1年目は職員のほうもなかなか1つになれず、2年目が始まる前に「お互いに大事なことをいっぱい握りしめてきたのは、この1年でわかったね。響き合うために、お互いの大事にしてきたものに思いを巡らせてみよう」と語り合い、幼・保ではなく1つの認定こども園としての歩みを進められました。1つになる背景に、秋田県の支援がありました。指導主事の方に毎月来ていただき、勉強会を1年間続けました。年間計画や月案、週案の中で、保育者たちが何を見ているのかを言葉にし、

ランチルームで食事。3〜5歳児は自分で取る

学び合いました。「今日の保育のねらいは何？　そのためにどんな環境をつくり、子どもたちの何が育ったか」を話し合ったそうです。

　一人ひとりが自立した保育者として成長し、新しい今日を意図性をもって過ごすこと、子どもの育ちを支える質がここに現れてくる。その思いで、保育者の専門性の土壌を培ってこられました。

## いつも新たなステップへ

　2010年に転任された場所は福島県。幼稚園に0〜2歳の保育園を新設した認定こども園でした。ここでは、①保育園から幼稚園へという「接続型」から、②3〜5歳に幼・保両方の機能がある「並列型」に移行して一体的運営を明確にする時期へ。そして現在は、③現場保育者の同僚性が発揮される中でさらにステップアップする展開のただ中にあるそうです。

　開園当時、新卒者が多いため、トップダウンで園運営をする必要がありましたが、現場に委ねて同僚性を発揮する時期へと変化する中で、保育者が成長する姿が見えました。自分で考え判断しつつ、仲間と協働できる保育者が育つ環境づくりを目指しました。

## 集団の中で成長する「ひとり」

　認定こども園は、多様な状況に生きる子どもたちが、意図をもって構成された環境の中で主体的に遊び、共に生きる場所。新制度が求めるこれらの思いを共有することは大事だと話されます。

　同様に職員にも、「自分は完全じゃないからこそ、支えられたり支えたりという相互の関係が豊かになり、集団のつながりの中で育ち合う」と伝えながら、多様な個性をもった保育者が1つになって力を発揮する保育を目指してこられました。

　管理職側も、「期待して委ねる勇気」が求められます。気づかせるかかわりではなく、悩み、考え、やってみてわかる営みに共感をもって寄り添うことを大切にします。「保育者は、主体的な営みの中で成長し、子どもの育ちが見えてくる中で自分のやったことの意味や価値に気づく」と語られます。

　職員間の関係性を柔らかくし、お互いの配慮が通い合う場を生み出すこと。これが園の一体化に求められるリーダーシップだと感じました。

# Chapter 3 - 23
## 保育者としての学びとコミュニケーションが保育を豊かにする

栃木県・
認定こども園さくら・
さくら第2保育園
園長　堀 昌浩 先生

社会福祉法人鐘の鳴る丘友の会
幼保連携型認定こども園さくら・
さくら第2保育園（乳児専門保育園）

**園DATA**
所在地：栃木県栃木市泉川町651-1（認定こども園さくら）
　　　　栃木県栃木市泉川町196-5（さくら第2保育園）
創設年：1979年
園児数：こども園288名、第2園49名
職員数：92名（2園の合計）

―リーダーの一言―

## 保育や保育者を
## クリエイトするために、大切なこと

　園長になられて11年目。先代の園長であるお母さまや所属する団体の先輩園長たちに学ばれ、当初は、外部の講師を招き、保育について一緒に学ぶような研修もされてきたそうです。その中で、いろいろな独自の工夫をされてこられました。

### 人となりを磨き、コミュニケーション力向上の研修も

　最近5年ぐらい、「人となりを磨くような研修をしないと、どんなに保育の勉強をしてもそれが保育に活かされてこない」という思いをもたれ、園では一般的な研修に力をいれるようになったそうです。

　それは、社会起業家のスタートアッププログラムのようなものに参加した際、保育で社会貢献するとはどういうことなのかと考えた時、気づきがあったと言われます。

　「そこでは、コミュニケーションやマナーがとても重要で、どんなに優秀なビジネスプランやモデルをもっていても、いわゆるコミュニケーションスキルやマナーがなっていないと、世の中に出ていかないことがあることを感じました。それは保育の現場でも同じだと思いました」。

　そこから、年6回はコミュニケーションに主眼を置いた研修をされるようになったそうです。ベテランも若手も一緒になって、大事なことの優先順位を自分で決める、次はそれを皆で決める、といった課題を通してコミュニケーションを図る練習を行います。

　「自分の中にエンジンがないと、どんなに学んでも、学んだことが外へ出ていかないので、人となりと併せてコミュニケーションスキルを積み上げていきたい」と話されます。ベテラン保育者も理解し、率先して取り組むようになったそうです。

保育者同士が様々な研修を通して相互理解を深める

## 「まさひろ保育塾」と園内SNS

「園長に必要な3つの要素は、ロジックとラブとセンス。それによって保育や保育者をクリエイトしていく」と言われる堀先生。

午睡の時間を活用して園長先生自らが保育者に語るのが「まさひろ保育塾」です。参加したい保育者だけ参加するよう呼びかけ、1週間から2週間に1回程度、30分から40分ぐらいで開かれています。

自由参加の背景には「強要はしたくないのです。僕を見ながら保育をしてほしくないのです。子どもたちを中心に見ながら、というイメージがあるのです」と言われます。塾ではできるだけ映像を使い、子どもたちが何をつぶやき、それがどう展開していったと考えられるのかを解説したり、保育者たちの心づもりのすてきさを見つけて語ったりもされています。

また、「トークノート」というデジタルデバイスも活用されています。これは、園内のSNSで、皆が保育中の写真とエピソードをアップして共有できる仕組みです。子どもの姿が見えてくることで保育が楽しくなってきます。そのことを保育者に伝えるための学びの機会を保障されています。保育とは、決められたカリキュラムを実行するだけのものではなく、まず子どもを見るところからスタートするものです。よく見ることで、子どものつぶやきが聴こえるようになってきます。それには、こうした記録ができるSNSも必要だと感じられています。

## ラーニングジャーニー
## 園を超えたネットワーク研修

また、同じ価値観をもった同じような世代の園長先生たちに加え、園の保育者たちも参加する交流の場として、「ラーニングジャーニー」というNPOをつくり、合同でワークショップ的な研修を行っておられます。いろいろな写真を持ち寄って、"こういう子どもの姿が、こう発展していきました。今、このあたりです"といったような語り合いの中で、多様なプロジェクトのイメージや様子を学ばれています。

園長のリーダーシップから、保育者たちは新たな着想を得て、保育がさらにおもしろく感じられるようになり、かつ自分らしさをつくっていくための輪も広がっていきます。園長が保育の展望を描いていく大切さを感じたインタビューでした。

# Chapter 3 - 24
# 指示や命令ではなく私たちの保育を、共に

静岡県・認定こども園
なごみこども園
園長
志賀口大輔 先生

社会福祉法人和光会
幼保連携型認定こども園
なごみこども園

園DATA
所在地：静岡県浜松市北区三方原町1367-1
創設年：2006年（2015年より保育園からこども園に移行）
園児数：135名
職員数：40名

---

**リーダーの一言**

## お願いはしても、命令や指示はしない

園を継がれての3代目。時代とともに保育は変わっていくため、先代がされていた保育から、さらに子どもが主体的に環境にかかわり、よりいきいきとした保育をと願い、大きく園を変革してこられました。

### 環境からの変革

変革しようとした当初は、それまで自分たちがやっていた保育を否定されたような感覚をもつ保育者もいたそうですが、子どもたちが落ち着いていく姿を見て、共感が得られていったということです。

特に大きな変革は、地域のおもちゃデザイナーに協力してもらい、子どもたちが遊ばされるのではなく、主体的にやりたくなるような道具をそろえ、環境を丸ごと変えられたことです。遊ぶ道具があって困る保育者はいないので、それをどうやって使うのかというところから変革が始まり、皆で考えていく保育につながっていったそうです。そうすると、カリキュラムに追われることもなく、おもちゃが大人の役割を果たしてくれるところも出てきたりする。次第に、保育者も落ち着いて保育ができるようになり、子どもにも、保育者、保護者にとっても心地よい空間になっていったと言われます。

### 保育を見えるようにする

また、環境の変革と同時に、保育者が保育を見えるようにするということにも心を砕いてこられました。雰囲気を含め、園にはどういう保育者が従事していて、どういう保育をしているのかということを具体的に見えるようにすることは、勤めている保育者に限らず、これから園に勤める人にも大切なことです。

そうすることで、単なる就職先として捉

理念の具体化、"私たちの保育"が紡ぐ豊かな関係

えられるだけでなく、こういう環境で、こういう保育がしたいという人たちが集まる場所にしていくことができます。

具体的には、丁寧な保育をするという時のその丁寧さとは、各年齢、各活動ではどういうことを指すのかを皆で語り合いながら、その内容が見えるように記録を作成し、まとめてこられたりしています。

例えば、赤ちゃんを抱っこする時、保育者が手を広げると、その子が意識をして手を広げ、抱かれるという点を確認してから抱くといったように、具体的な実践を言葉で表し、園の皆で決めていくことで、保育が見えるようになっていったそうです。

「子どもやその保育を見る時、『言葉や身体』『仲間関係』『遊び』『生活』と視点を挙げ、体系化して記録していくことで比較的見やすくなっていった」と言われます。「『子どもの姿を』という大づかみな表現になると、どうしても記録が薄くなってしまうところがある。そうならないためには、内容はたくさん書かなくてもよいが、視点を分けて記録したほうがよい。そのほうが、あとから子どもの姿が見えやすくなる」と実践されてきました。日誌や計画にそれらを書き入れながらも、実際の子どもの姿とギャップがあればすぐに修正します。

また、副園長や主任が撮ったビデオを見ながらのカンファレンスも行い、その時は、ほかの職員がサポートし、どのクラスでもカンファレンスを受けられるようにされています。

## 園長のスタンスが居心地のよい関係をつくる

園長先生は、「自分の考えや園の枠組みが伝わるよう、お願いはしても、命令や指示はしない」というスタンスで園運営を進めてこられました。現場の保育者は、管理職はどう思うだろうと気にするところがありますが、「純粋に子どもたちがどう遊んでいるのか、どう動いているのかを考え、自らで気づけるよう意識してもらいたい。失敗してもそこから学ぶのが大事」という思いをもっておられます。また、「子どもを見ずに園長を見だしたら保育園は終わりだなと思っている」とも言われます。

だれにでも居場所感のある、柔らかな園の雰囲気は、こうして、園長先生が保育で大事にしたいと考え、向かおうとする姿勢を示すことから生まれるのだということを学ばせていただいたインタビューでした。

# Chapter 3

## 25 「和」を大切にしながら職員と学び続ける

愛知県・東保見こども園
理事長　福上道則 先生

社会福祉法人清心会
東保見こども園

**園DATA**
所在地：愛知県豊田市保見ヶ丘4-6-1
創設年：1980年
　　　　（2019年幼保連携型認定こども園に移行予定）
園児数：183名
職員数：56名

―― リーダーの一言 ――

## 様々な工夫で、職員たちの気持ちを1つに

　福上先生は3代目園長になられて34年目となり、今は6園を運営する法人の理事長でもあります。

### 「和」と声を聴く

　保育者経験がないなかで最も大事にされてきたのは「和」。「威張らず怒らず、職員の話をよく聴くこと」と言われます。
　当初は、中・高の教員免許はあるものの、保育者経験がないこともあり、福上先生が語ることや思っていることと、資格をもっている保育者が語ることとで、方向性は一緒でもニュアンスが違うこともあったと言われます。その溝を勉強で埋めていったことで、今ではその違いはなくなったそうです。
　特に複数園の運営となれば、法人内のほかの園の園長や主任から、理事長の言っていることをよく理解してもらうことが鍵になります。

研修会へ参加したり、保育雑誌を購読したりすることなどを通して保育者に対して十分にわかりやすく話ができるようにし、単に運営面だけ行い保育を主任任せにするのではなく、自分で語れることを心がけてこられました。
　また、自分が職員を採用した以上、自分に責任があるとのお考えから、6園の職員には必ず年2回、今どういう考えで働いているのか、どういう気持ちなのかを面接されています。そして、何かあればどこにでも飛んで行き「この保育者はこういうことを思っている」などと、必ず在籍園の園長と話をされています。

### 複数園の強みを活かす

　2003年に公設民営の園を運営するようになり、それからは毎年、園内研修だけではなく、外部から講師も呼ばれています。新

職員ミーティングの様子

しい風が吹き込むことで自分の保育の見直しがしやすくなるということで、年5回ほどされています。「うちの職員は1番だといつも思っていられるのは、研修をしっかりやっているから」と言われます。

また、毎年、各園から3人くらいの職員を連れて市外の施設へ視察研修にも行かれます。各園から、今年はこんなことを勉強したいという希望を聴き、理事長である福上先生が、目的のテーマが充実している園を選びます。昨年は乳児の保育の担当制でした。学びたいことはみんなで話し合っていきます。そして、学んだことを忘れないためにも、視察から帰ってきたらすぐ反省会をされます。

ちなみに、同法人の園の園長は皆さん、公立園の出身で、理事長が「この人」と思われた方を採用されているそうです。「いずれは生え抜きの主任を園長にと思っているけれど、今はまだ若いので」と言われました。

## 園長に必要な資質と言葉

園長の資質で大事なことは、「皆から好かれる。それが第一」。

「子どもが来たら、必ず皆僕にハイタッチします。園に来たらわかるだろうけれど、全員が、です。おはよう、おはようって。

そこから始まります」。

福上先生はすべての園の保育室に行かれます。年中児、年長児については、全員の体操をご自身で指導されていましたが、今は少しずつ若手に委ねられているそうです。

また、同法人は、豊田市内にある園では園バスを使用していないそうです。そのような条件においてなお、保護者や地域から「この園はいいよ」と他園以上の信頼を得られるよう、園長同士が理念の共有を徹底されています。

そうしたこともあり、法人の園の朝礼で必ず皆で唱和する言葉を理事長が考えられています。これは、「1園だったらたぶん考えなかったと思うのですが、これから増やしていこうということもあったから、皆で話し合って」考えてきたそうです。

初めて公立園から来られた時にその話を聴かれたある園長先生は「唱和するの?」と思われたそうですが、やっていくとその大切さが伝わってきたと言われます。「子どもも保護者も安心する笑顔、一人ひとりの気持ちを大事に」など、こうした言葉が園内研修の場でも自然と出てくるようになったと言われます。

複数園をもつ法人だからこそ生まれた工夫で、職員の心を1つにしようとされている姿が印象的でした。

# Column 4 職員皆で取り組み 学び合う場を形成する工夫

　学校長のリーダーシップの研究で世界的に著名なマイケル・フラン（2016）は、トップリーダーのもつジレンマを次のように指摘しています。

　その1つは、組織文化を保持していくことと、新たな希望や学びの経験を与えて質の向上を図ることのバランスです。それらはいつも拮抗するものであると指摘しています。そして、その時に何を変えるかだけではなく、それがどのように変わっていけばよいのかというプロセスを知らせ共有することで、そのジレンマを超えていくことが必要であると指摘しています。

　また、リーダーはリーダーであると同時に、自らが学び手のモデルになりながら次のリーダーを育成していきます。しかし、そこには当然、世代間葛藤も生まれるというジレンマがあります。そこで大事なことは、育成によって、その園・学校にどんなインパクトを与えていくかを理解することだと言っています。加えて、自分がリーダーとして振る舞わねばという思いと、自らがトップダウンで指示、伝達するだけではなく、育てたミドルリーダーが変革の主体となってうまく改革が進むようにしなければならないことへのジレンマもあります。おそらくこのようなジレンマは、これまで明示的に語られてこなかったのではないでしょうか。上記は学校を対象とした研究からの知見です。そのため保育に関して言えば、ジェンダーやケアへの課題、また、組織が小さくシフトもあるということで1勤務体制とは異なる難しさなど、いろいろな課題が加わると思います。

　しかし、こうしたジレンマを乗り越えるために、本書の25人の園長先生は、多様な方法を生み出し、変革の主体として学び合う集団をつくり出していくプロセスにしっかりと立ち合っておられるのがわかります。第一は、理念や哲学を明確にし、それを実践とつなげて共有できるような「語りの方法」を生み出しているということです。基本方針を唱和することで日々の実践の中でもその理念が生きるようにする、園便りの統括を園長が担うことで理念を明確にする、園長が考えを伝える時間として園長塾でトークタイムをつくる、園長手作りの園の保育内容研究資料をまとめ、全職員の採用時に渡すといった方法を取る園があります。また、園のコンセプトブックを職員皆で作る、年度始めの保育計画や保育課程を全職員で作る際その理念を確認し合うなどの方法で共有していく園もあります。

また、保育者が日々の振り返りができるようにフォトカンファレンスやビデオカンファレンスを行う園も数多くあります。保育者が書いたエピソード記録や事例を、園の中だけでなく、通信やお便り、また、Facebook、ＳＮＳなどのデジタル通信ネットワークで保護者に発信していく園もあります。そして、園長先生が写真で記録して共有し、対話している園もあります。

　また、そこからさらに、保育者各自が自分たちの研究主題を決めて１年間取り組み、探究した成果を、保護者や保育者間で発表することで、まとまった形の知見を共有できるように工夫している園もあります。そうした探究のために、保育所でも保護者に理解を求めて保育研修日を設けている園もあれば、保育者が１人で振り返る時間を保障することを大事にしている園もあります。また、保育を同僚に公開する、さらに、外に開いて他園や保護者、地域に公開したり、外部講師を招いたりしながら共有することで新たな視座、新たな風を入れる工夫をされている園もあります。加えて、保育者が自ら外部研修を選択して積極的に出かけ、その専門性を深めて同僚と共有することを奨励している園や、合同研修やネットワーク研修の仕組みを取り入れている園もあります。

　これらは保育の質を向上させ専門性を高めるためのものです。その一方で、日々の保育のマネジメントの難しさを克服するためにいかに知恵を絞れるかというジレンマもあります。子どもたちに向けての希望や仕事への手ごたえを感じながら、皆で知恵を絞り、そのジレンマを乗り越えていけるチームのあり方が望まれます。チームづくりに必要な専門的知識やスキル、見識を学んでいくこと、またさらにその困難やジレンマも正直に開示できるようにすることも、園長のリーダーシップと言えるのではないでしょうか。園に多様性があるように園長先生の知恵や方法も多様ですが、事例を越えて共通するパターンがいくつかあります。そのことからも、園により深まっている部分や発展の仕方が異なる部分があると考えられます。

## Column 5 情動知性を活かす園長のコミュニケーション

　職員の数が何人いても、その一人ひとりの保育者とどのように対話の機会を設けるのか、その方法は実践の知恵となります。気にかけてもらう、声をかけてもらえることはとてもうれしいことです。

　認定こども園宮前幼稚園の亀ヶ谷先生は、保育者のすてきな姿を写真に撮ってその人に見せることをされています。いつ、どんな時に、その保育者の良い表情が出るのか、そのシャッターチャンスを知っていることこそ、園長先生がどれだけ保育者の保育を見ているかという「対話」になると思います。また、林間のぞみ幼稚園の藤本先生は、その職員の誕生日等にも、その人の良いところをメッセージカードに書いて贈られていると聞きました。こうした良さを認めていくかかわりとともに、困った時にかかわる工夫もまた、意識的に園長先生方はされています。認定こども園ゆうゆうの森幼保園の渡邉先生は、保育者が困っている、うまくいかない時こそ、その声を一緒に聴き、何ができるかを考えると語られます。

　また、職員との一対一の対話の仕組みを考えておられる園もあります。きらきら星幼稚園の黒田先生は、保育者との交換ノートという方法を編みだされています。そこでは、ほんの一言がとても大事なことがわかります。たかくさ保育園の村松先生は、保育者が書いたエピソードにコメントを添えられています。ご自身も忙しい中で時間を生み出す努力をされてきたと語られています。砂山保育園の上村先生は、若い頃は指導をしようとしていたが、今では保育士から出てくるものを受け止めるように変わられたそうです。保育者の居場所の保障を意識することで一人ひとりとの対話のあり方も変わってきていると語られています。リーダーシップというと発信型のリーダーのイメージが強いです。しかし、受動的、応答的であるからこそ、人は慕い、意欲が出てくるという面もあり、そこから情動知性の働きが見えてきます。園長に必要な情動知性は、子どもたちと同時に、職員に対してもきめ細やかなケアが求められる職場だからこそ必要になるのかもしれません。

# 引用文献・参考文献紹介

〈本文中での引用文献〉
1) 野中郁次郎、勝見明　2004　『イノベーションの本質』日経ＢＰ社
2) Fullan, M 2016 *Indelible Leadership: Always Leave Them Learning*. Corwin Impact Leadership Series
3) Spillane, J. P. 2012 . *Distributed leadership* (Vol. 4).Wiley. com.
4) Ellen Goldring, Xiu Cravens, Andrew Porter, Joseph Murphy, Steve Elliott, 2015 "The convergent and divergent validity of the Vanderbilt Assessment of Leadership in Education (VAL-ED): Instructional leadership and emotional intelligence", *Journal of Educational Administration*, Vol. 53 Issue: 2, pp.177-196, https://doi.org/10.1108/JEA-06-2013-0067

〈本テーマに関する参考文献の紹介〉
A　保育のリーダーシップ論に関して
1) ジリアン・ロッド（著）　民秋言（監訳）　佐藤直之、森 俊之（編訳）　2009　『保育におけるリーダーシップ　いま保育者に求められるもの』あいり出版
    保育におけるリーダーシップが海外でどのように歴史的に論じられてきたのかを知るには、最も体系的にまとめられている。海外での保育のリーダーシップの代表的著作の翻訳書である。

2) イラム・シラージ、エレーヌ・ハレット（著）　秋田喜代美（監訳・解説）　鈴木正敏、淀川裕美、佐川早季子（訳）　2017　『育み支え合う 保育リーダーシップ──協働的な学びを生み出すために』明石書店
    英国における保育の質とかかわるリーダーシップのあり方を実証的なエビデンスに基づき述べている。分散型協働的リーダーシップに注目しており、具体的に園で実行していくための実践のあり方を紹介している。巻末に日本の現場に合った活用法を考える座談会が収録されている。

3) 播摩早苗（著）　2016　『保育者を育てる！　悩めるリーダーのためのコーチング』フレーベル館
    リーダーがどのように職員とコミュニケーションを取るかというところに焦点を当てて研修会社のコーチが園向けに書かれた本。職員のタイプ別にこういうタイプにはどのように対応したらよいかという行動的なノウハウが簡潔に漫画入りでまとめられている実践書。

4) 大江恵子（著）　2017　『園の本質　リーダーのあり方』フレーベル館
    ご自身の園長としての体験や第三者評価にかかわる中で、リーダーにとって必要な資質とは何か、いかなる姿勢が求められるかを述べ、実際に Mind Exercise として振り返る演習がついており、自らを対象化して振り返ることができる形で本が作られている。

※いわゆるリーダーシップに関する保育研究の論文文献のレビューに関しては、以下の2論文を読むことで近年の動向を知ることができる。
5) 秋田喜代美、淀川裕美、佐川早季子、鈴木正敏　2016　保育におけるリーダーシップ研究の展望. 東京大学大学院教育学研究科紀要 56, PP.283-306
    国内外においてリーダーシップ研究がどのように近年語られてきているかを展望した論文であり、各国の園長の資格等も知ることができる。

6) 野澤祥子、淀川裕美、佐川早季子、天野美和子、宮田まり子、秋田喜代美　2019.3（予定）　保育におけるミドルリーダーの役割に関する研究と展望. 東京大学大学院教育学研究科紀要 58. 2
    保育におけるミドルリーダーとしての副園長や主任、中堅保育者等の役割に関しての国内外のレビューと同時に、ミドルリーダーに関する実証研究と実践知研究が紹介されている。

B　園経営に関して

1）田澤里喜、若月芳浩（著）　2018　『保育の変革期を乗り切る園長の仕事術：保育の質を高める幼稚園・保育所・認定こども園の経営と実践』中央法規出版
　　園長であり大学教員でもある著者らが具体的にこれからの日本の保育において、園経営として何が求められるかを述べた本であり具体的に園の取り組みを知ることができる。

2）今井和子（編著）　2016　『主任保育士・副園長・リーダーに求められる役割と実践的スキル』ミネルヴァ書房
　　園長を支え、ミドルリーダーとして職員をリードする主任保育士や副園長などミドルのリーダーに必要な資質と仕事の具体がとてもわかりやすく記されており、演習等も付していて参考になる。

3）秋田喜代美、馬場耕一郎（監修）秋田喜代美、那須信樹（編）　2018　『保育士等キャリアアップ研修テキスト 7 マネジメント』中央法規出版
　　ミドルリーダーのためのキャリアアップ研修テキストとして編集されたものであるが、マネジメントとリーダーシップの関係や園長や職員を支えていくリーダーシップとマネジメントについて書かれている。

C　学校教育におけるリーダーシップ論について

1）OECD 教育研究革新センター（編著）木下江美、布川あゆみ（監訳）斎藤里美、本田伊克、大西公恵、三浦綾希子、藤浪 海（訳）　2016　『21 世紀型学習のリーダーシップ──イノベーティブな学習環境をつくる』明石書店
　　学校教育における学習のリーダーシップとはどのようなものであるか、またその具体的なあり方を述べている。中心となって執筆しているのが、分散型リーダーシップの実証研究を進めているスピランである。学校教育におけるリーダーシップ研究の最近の特徴を知ることができる。

2）マイケル・フラン（著）　塩崎勉（訳）　2016　『The Principal 校長のリーダーシップとは』東洋館出版社
　　カナダ・オンタリオ州の教師教育をリードし、教育のリーダーシップの第一人者でもある著者が学校の校長に向けて、21 世紀に求められる資質・能力を伸ばす優れた校長の条件とは何かということをわかりやすく書いた本であり、園長のリーダーシップにも通じるところを数多く読み取ることができる。

3）アンディ・ハーグリーブス（著）木村優、篠原岳司、秋田喜代美（監訳）　2015　『知識社会の学校と教師：不安定な時代における教育』金子書房
　　専門家の資本などの著書も出版し、マイケル・フランと共に国際的に教師教育のトップ研究者である著者による名著であり、これからの時代の教育において教師が進むべき道として何が大事であるのかを体系的に書いていることで、リーダーシップや学校経営の指針となる本である。

# おわりに

　私は保育者も園長の経験もありません。全くの部外者でありながら厚かましくも園に入れていただき、勉強させていただいています。そして本書では、いろいろな園長先生方への突撃インタビューをさせていただきました。わかっていないからこそ、教えていただけたお話も多いように思います。実は、多くの園長先生からは、ここで紹介した何倍ものお話をうかがいました。それをすべて文字に起こして読んでみると、ずしんとくる重みと同時に、どの園長先生方からも保育・幼児教育という仕事への誇りや愛情を感じました。そのような園長先生方の姿勢に心惹かれたからこそ、お話をうかがったのだと改めて気づかされました。嫌な顔をせず、快くインタビューに応えてくださった先生方に心から謝意を表したいと思います。また、もっと多くのお世話になっている園長先生方にもお話をうかがいたかったと思っています。

　それらを読みながら整理してみると、近年の組織リーダーシップ論に共通する原理にもふれられているのですが、ただそれだけではなく、心温まるものを感じました。マネジメントスキルや管理の知識だけではなく、保育者に共通する子どもたちの命を預かる者としての責任感と、人生の中で最も変化が大きな時期の子どもたちが育ちゆく姿が見える仕事だからこその喜びや慈しみも溢れているように感じました。園長のリーダーシップという言葉の背景にある人柄を、私は感じたのかもしれません。

　この連載では、与えられたページを知識や情報だけで埋めるのではなく、お話をうかがい、起こした文字を読み、それをまとめていくという作業を、時間をかけて行いました。しかし、その2年間の連載に同行し、そしてそれを1冊の「保育ナビブック」にしてくださった、フレーベル館の西川編集長、坂井さん、フリー編集者の平賀さんに心より感謝いたします。「保育ナビブック」シリーズの1冊として、若手園長先生やミドルリーダーをナビゲーションする1冊としてお読みいただけたらうれしく思います。特定の園長先生の持論を紹介する書籍はあっても、類書のない本書を多くの園長先生と共につくることができたこと、そして、この書籍を手に取ってくださった読者の皆さまにも感謝いたします。今回、記録したことで、多様な園長先生の知恵と出合う機会が生まれました。これほどうれしいことはありません。心よりの敬愛と謝意を込めて。

2018年11月<br>
編著者　秋田喜代美

［編著者］
**秋田 喜代美**（あきた きよみ）

東京大学大学院教育学研究科教授、同附属発達保育実践政策学センター長。専門領域は保育学、学校教育学、授業研究。東京大学大学院教育学研究科博士課程単位取得退学。博士 (教育学) 東京大学。東京大学教育学部助手、立教大学文学部講師、助教授を経て、1999 年より東京大学大学院教育学研究科に勤務し、現職。社会的制度としての保育、教育の場における子どもと大人が育ち合うための環境や場とそこへの視点に関する研究を園内研修や授業研究の場に立ち会いながら行っている。第 7 代日本保育学会会長 (2009 ~ 2016 年 )。OECD 乳幼児教育ネットワークビューロー、WALS( 世界授業研究学会 ) 副会長

本書は 2016 年 4 月号〜 2018 年 3 月号『保育ナビ』の連載の内容を整理して加筆・修正し、新規原稿を加えて編集したものです。園長先生方のお話は、『保育ナビ』掲載時点の内容です。

表紙・本文イラスト / すがわらけいこ
編集協力 / 平賀吟子

---

保育ナビブック
**リーダーは保育をどうつくってきたか**
―実例で見るリーダーシップ研究―

2018 年 11 月 25 日　初版第 1 刷発行

編著者　秋田喜代美
発行者　飯田聡彦
発行所　株式会社フレーベル館
　　　　〒 113-8611　東京都文京区本駒込 6-14-9
　　　　電話　〔営業〕03-5395-6613
　　　　　　　〔編集〕03-5395-6604
　　　　振替　00190-2-19640
印刷所　株式会社リーブルテック

表紙デザイン　blueJam inc.　（茂木弘一郎）
本文デザイン　アイセックデザイン

© AKITA Kiyomi 2018
禁無断転載・複写　Printed in Japan
ISBN978-4-577-81452-9　NDC376　80P ／ 26 × 18cm

乱丁・落丁本はお取替えいたします。

●フレーベル館のホームページ　https://www.froebel-kan.co.jp/